Starker Rücken

Deutsche Erstausgabe © 2010 Verlagsgruppe Weltbild GmbH, Steinerne Furt, 86167 Augsburg
Die Originalausgabe dieses Buches ist 2008 unter dem Titel »Healing Back« bei Collins & Brown erschienen.

Koordination und Bearbeitung der deutschen Ausgabe: Dr. Alex Klubertanz, München
Übersetzung: Dr. Ulrike Kretschmer, München

Umschlaggestaltung: Atelier Seidel Verlagsgrafik – Maria Seidel, Teising
Umschlagmotiv: © mauritius images/SELF
Reproduktion: Rival Colour Ltd, UK
Gesamtherstellung: Craft Print Ltd, Singapur
Printed in Singapur

ISBN 978-3-8289-3513-6

2012 2011 2010
Die letzte Jahreszahl gibt die aktuelle Lizenzausgabe an.

Stella Weller

Starker Rücken

Schmerzen behandeln, Verspannungen lösen und den Rücken stärken

Weltbild

Inhalt

Einführung

Rücken- und Nackenbeschwerden nehmen immer mehr zu und haben hierzulande mittlerweile geradezu epidemische Ausmaße erreicht. Die enormen Auswirkungen auf die Produktivität der Bevölkerung und die Kosten im Gesundheitswesen sind belegt und bezifferbar – unermesslich bleiben hingegen die Auswirkungen auf die Psyche der Betroffenen. Dieses Buch hat es sich zum Ziel gesetzt, die Ursachen von Rückenbeschwerden und verwandten Symptomen zu erforschen und Wege zu Schmerzfreiheit und Gesundheit aufzuzeigen.

Das erste Kapitel, »Stütze des Lebens – die Wirbelsäule«, bietet einen kurzen und kompakten Überblick über Aufbau und Funktion der Wirbelsäule und der mit ihr verbundenen Körperstrukturen. Die Informationen helfen Ihnen zu verstehen, zu welchen Rückenbeschwerden es kommen kann und warum; zudem erfahren Sie, warum es so wichtig ist, vorbeugende Maßnahmen zu ergreifen.

Im Kapitel »So kommt es zu Rückenbeschwerden« nehmen wir die vielfältigen Fehlfunktionen unter die Lupe, denen die Wirbelsäule unterworfen sein kann. Wir stellen Ihnen die verschiedenen Verfahren vor, die in Arztpraxen und Krankenhäusern zur Diagnose von Rückenerkrankungen und zur Festlegung einer Behandlung herangezogen werden.

»Mit dem Schmerz umgehen« widmet sich der Ursache von Schmerzen und den Strategien, sie auch ohne ärztliche Hilfe zu bekämpfen.

Wie wichtig es ist, Ihre Haltung zu überprüfen und sich gegebenenfalls von schlechten Angewohnheiten zu verabschieden, erfahren Sie in »Die Haltung macht's!«. Denn gerade die alltäglichen kleinen Fehlbelastungen sind es, die unserer Wirbelsäule schwer zu schaffen machen. Sie lernen, Ihre Haltung zu korrigieren und Ihre Wirbel vor vorzeitiger Abnutzung zu schützen.

Im Mittelpunkt des nächsten Kapitels, »Übungen für einen gesunden Rücken«, stehen praktische Übungen zur Vorbeugung und Behandlung von Rückenbeschwerden. Wir bieten Ihnen zwei verschiedene Übungssequenzen an, dazu Übungen zum Warm-up und Cool-down. Auch das Stretching kommt nicht zu kurz, und der Pezziball bringt zusätzlichen Spaß in Ihr Übungsprogramm.

In »Erkrankungen und Heilmethoden« schließlich geht es um 18 weitverbreitete Rückenerkrankungen als Folge einer Verletzung oder Degeneration der Wirbelsäule und mit ihr zusammenhängender Gewebestrukturen. Wir stellen Ihnen neben den Symptomen und Ursachen der Erkrankungen auch Möglichkeiten der Prävention und Behandlung vor, sowohl auf konventionellem als auch auf operativem Gebiet.

Ob Sie zu den wenigen Glücklichen gehören, die nie Rückenschmerzen hatten, oder zu den vielen Verzweifelten, die täglich damit zu kämpfen haben: Sie können von diesem Buch profitieren. Denn es zeigt Ihnen, wie Sie Ihren Rücken stark und gesund erhalten – oder ihn dazu machen.

Stütze des Lebens – die Wirbelsäule

Stellen Sie sich Ihre Wirbelsäule, Ihr Rückgrat, wie eine starke, flexible Stütze vor, die sich in alle Richtungen neigen kann: nach hinten, nach vorn und zur Seite. Sie umschließt und schützt das Rückenmark, eine Verlängerung des Gehirns, die aus Nervengewebe besteht. Die Wirbelsäule sorgt dafür, dass wir den Kopf aufrecht halten können, und hält Rippen, Beckengürtel und Rückenmuskulatur an Ort und Stelle.

Die Rückenwirbel

Unsere Wirbelsäule besteht aus 33 kleineren Knochen, den sogenannten Wirbeln. Sieben dieser Knochen zählen zu den Zervikal- oder Halswirbeln, zwölf zu den Thorakal- oder Brustwirbeln und fünf zu den Lumbal- oder Lendenwirbeln. Die fünf Sakralwirbel sind zu einem einzigen Knochen, dem Kreuzbein, verschmolzen, die verbleibenden vier Wirbel bilden ebenfalls einen Knochen – das Steißbein. Die oberen 24 Wirbel sind beweglich, die des Kreuz- und Steißbeins nicht.

Krümmung der Wirbelsäule

Von der Seite gesehen, zeigt die Wirbelsäule vier normale Krümmungen. Hals- und Lendenwirbelsäule wölben sich nach vorn, Brustwirbelsäule und Kreuzbein weisen dagegen eine Neigung nach hinten auf. Die Krümmungen erhöhen die Belastbarkeit der Wirbelsäule, verhelfen uns zum Halten des Gleichgewichts und damit zum aufrechten Gang, wirken als Stoßdämpfer beim Laufen und schützen so vor Brüchen.

Aufbau eines Wirbels

Abgesehen von einigen Variationen hinsichtlich ihrer Lage in der Wirbelsäule bestehen Wirbel generell aus einem Wirbelkörper, einem Wirbelbogen und mehreren Fortsätzen.

Der Wirbelkörper trägt das Gewicht und bildet den vorderen Teil des Wirbels. Oben und unten – an den sogenannten Deckplatten – ist seine Oberfläche aufgeraut, um den sich anschließenden Bandscheiben besseren Halt zu geben. Vorn und an den Seiten befinden sich Öffnungen für Blutgefäße und Nervenwurzeln.

Der Wirbelbogen setzt sich aus zwei kurzen, dicken »Füßchen« zusammen, die nach hinten herausstehen, wo sie sich zu der flachen Bogenplatte vereinigen.

Die Fortsätze, sieben an der Zahl, setzen am Wirbelbogen an. Der paarige Querfortsatz und der Dornfortsatz dienen als Aufhängung für Bänder und Muskeln. Die übrigen vier Fortsätze bilden Gelenke, an denen oben und unten weitere Wirbel ansetzen.

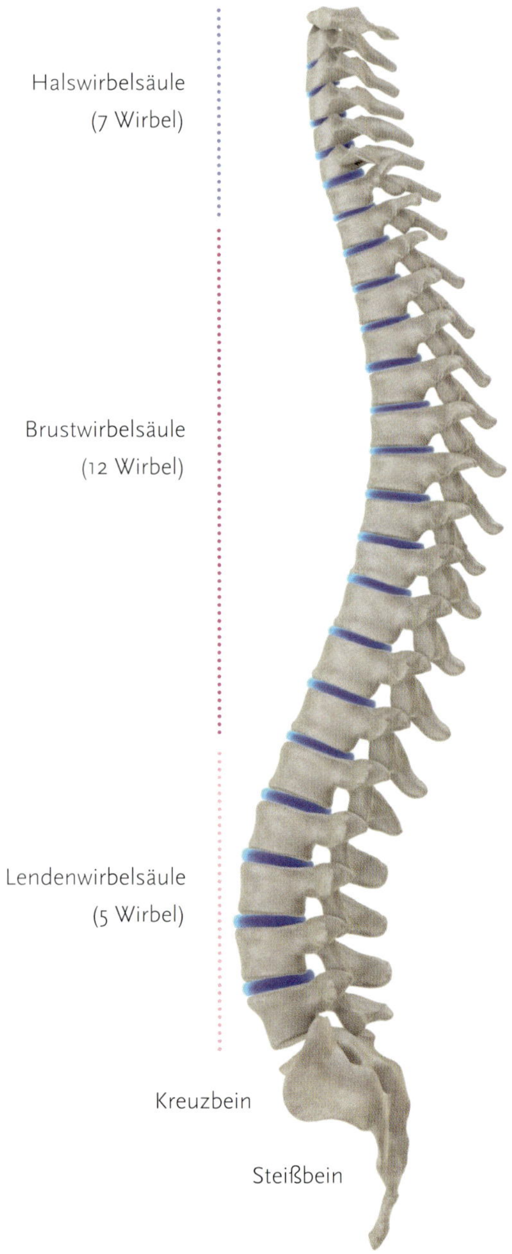

Normal gekrümmte Wirbelsäule

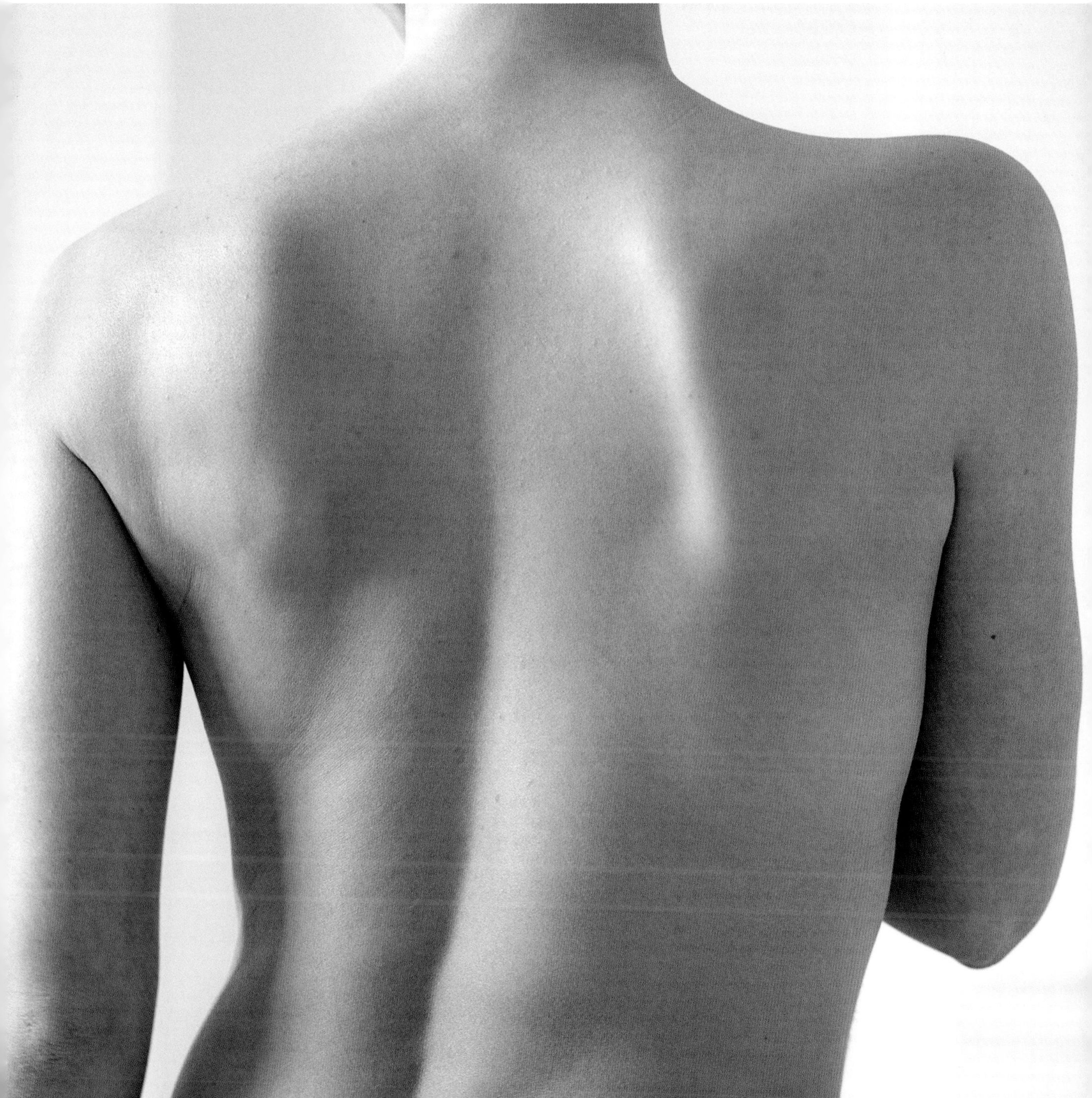

Rückenmarksnerven

Die Wirbelbogen bilden ein Loch, den sogenannten Wirbelkanal, der sich entlang der gesamten Wirbelsäule erstreckt. Im Inneren dieses Kanals befinden sich das Rückenmark und die Rückenmarksnerven, die es mit anderen Teilen des Körpers verbinden.

Zum Steißbein hin besitzt das Rückenmark gesonderte Nerven, die sogenannte Cauda equina (lat. »Pferdeschwanz«). Diese Nerven versorgen Hüften, Beine, Knöchel, Füße und Zehen.

Wirbelgelenke

Auf jeden Wirbel folgt ein Wirbelgelenk, das aus weichem Knorpelgewebe besteht und durch Bänder verstärkt wird, die vorn und hinten an den Wirbelkörpern entlang verlaufen und sich ebenfalls über die gesamte Länge der Wirbelsäule erstrecken. Darüber hinaus befinden sich an der Rückseite der Wirbel sogenannte Facettengelenke. Die Facettengelenke verdanken ihren Namen ihrer glatten Oberfläche, die an einen geschliffenen Edelstein erinnert.

Jedes Gelenk ist von einer Gelenkkapsel umgeben, die Gelenkflüssigkeit absondert und das Gelenk »schmiert«. Die Oberfläche der Gelenke ist ebenfalls mit Knorpelgewebe bedeckt, damit die Wirbel nicht direkt aneinanderreiben.

Bandscheiben

Zwischen den tragenden Teilen benachbarter Wirbel befinden sich ab dem zweiten Halswirbel bis zum Kreuzbein die Bandscheiben. Jede Bandscheibe besteht aus einem äußeren Faserring, dem Annulus fibrosus, und einem weichen, biegsamen Gallertkern, dem Nucleus pulposus. Die Bandscheiben ermöglichen der Wirbelsäule ein gewisses Maß an Beweglichkeit und federn Stöße ab; werden sie zusammengedrückt, verflachen und verbreitern sie sich und treten hervor.

Wirbelbänder

Für die Stärke unserer Wirbelsäule sorgen die Wirbelbänder. Sie halten die Knochen zusammen und verleihen auch den Gelenken Stabilität. Darüber hinaus schränken sie die Bewegung der Wirbelsäule ein, um sie vor Schädigungen zu schützen.

Wirbelsehnen

Durch Sehnen werden die Muskeln mit den Knochen der Wirbelsäule verbunden. Zieht sich die Rückenmuskulatur zusammen, zieht sie an den Sehen, die dann wiederum die Wirbelsäule bewegen.

Obwohl Sehnen wie auch Bänder einiges an Zug aushalten müssen, sind sie erstaunlicherweise nicht durch ein ausgeprägtes Blutgefäß- und Nervensystem versorgt. Den Großteil ihres Sauerstoffs und ihrer Nährstoffe beziehen sie deshalb aus dem umliegenden Gewebe, was auch erklärt, warum verletzte Sehnen und Bänder so langsam heilen.

Kreuzbein und Becken

An der Stelle, an der Kreuz- und Steißbein auf die Hüftknochen treffen, liegt das Iliosakralgelenk. Dieses ist Teil des Beckens bzw. des Beckengürtels.

Der Beckengürtel ist gewissermaßen der Hauptstrebepfeiler unseres Körpers, der den Gewölbeschub, also das Gewicht von oben nach unten ableitet und auf die Beine verteilt. Wichtig zu wissen ist auch, dass der Stand des Beckens – die Neigung des Beckengürtels – die Krümmung der Wirbelsäule beeinflusst. Ein Beckenschiefstand führt zu einer schlechten Haltung, die die Wirbelsäule wiederum anfälliger für Verletzungen und Schmerzen macht.

Stützmuskulatur

Verschiedene Muskeln stützen und stärken unsere Wirbelsäule, vor allem natürlich die Rückenmuskulatur, indirekt aber auch die Bauch- und Beinmuskeln. Im Folgenden finden Sie einen kurzen Überblick über die Hauptstützmuskulatur der Wirbelsäule.

Rücken- und Gesäßmuskeln

Der Erector spinae bildet zwei Muskelstränge, je einen auf jeder Seite der Wirbelsäule. Die Muskelgruppe richtet die Wirbelsäule auf, streckt sie und kontrolliert darüber hinaus das Beugen nach vorn und zur Seite sowie die Rotation.

Der Latissimus dorsi, ein breiter, flacher Muskel, bedeckt den unteren Bereich der Brust und die Lenden. Er zieht den Oberarmknochen nach unten und hinten und dreht den Arm nach innen.

Der Glutaeus maximus bildet die Pobacken. Er richtet den Rumpf von der gebeugten in die aufrechte Position auf. Zudem ist er an Bewegungen der Beine beteiligt, etwa am Gehen, Laufen und Springen.

Der Trapezius beginnt am Nacken und verläuft entlang den Schultern. Er zieht den Kopf zurück und die Schultern zusammen und dehnt so die Brust.

Bauchmuskeln

Die Ursache für Rückenschmerzen kann auch in einer schwachen Bauchmuskulatur liegen, da diese mit den Rückenmuskeln zusammenarbeitet. Das »Bauchmuskelkorsett« besteht aus den folgenden vier Gruppen:

Der Rectus abdominis, der gerade Bauchmuskel, ist lang und flach und verläuft an der Vorderseite des Bauchs vom Brustbein zum Schambein in zwei Strängen rechts und links einer imaginären Mittellinie. Er beugt die Wirbelsäule – etwa wenn wir uns nach vorn beugen – und stützt die Organe im Bauchraum.

Der Obliquus externus abdominis, der äußere schräge Bauchmuskel, verläuft von den unteren Rippen schräg zum Beckenkamm, dreht den Rumpf und beugt ihn seitwärts. Auch er stützt die Bauchorgane.

Der Obliquus internus abdominis liegt an derselben Stelle wie der äußere schräge Bauchmuskel, verläuft jedoch in entgegengesetzter Richtung. Beide Muskelgruppen sind an denselben Bewegungen beteiligt.

Die Fascia transversalis abdominis, der bindegewebige Teil der Bauchwand, liegt unter den schrägen Bauchmuskeln und unterstützt sie in ihrer Funktion.

Eine fünfte Muskelgruppe hilft der Rücken- und auch der Bauchmuskulatur: der **Quadratus lumborum.** Sie liegt beidseits der Lendenwirbelsäule und verläuft von der untersten Rippe zum Darmbeinkamm.

Beinmuskeln

Einige Beinmuskeln entlasten die Rückenmuskulatur ebenfalls. Zwei davon, der Quadrizeps und die Hamstrings, tragen zum ausgewogenen Stand des Beckengürtels und damit zu einer normalen Krümmung der Wirbelsäule und zu einer guten Haltung bei.

Der Psoas major, der Große Lendenmuskel, setzt am Oberschenkelknochen an. Der Iliacus, der Darmbeinmuskel, setzt am Hüftknochen an und vereinigt sich mit dem Psoas. Beide zusammen, der Iliopsoas, beugen und drehen die Oberschenkel (Hüftbeuger).

Der Quadrizeps, der vierköpfige Oberschenkelmuskel, liegt an der Vorderseite der Oberschenkel. Er setzt am Becken- und Oberschenkelknochen an und endet oben an der Kniescheibe. Er streckt die Knie.

Die Hamstrings oder ischiocruralen Muskeln treten an jedem Bein zu dritt auf und verlaufen an der Rückseite der Oberschenkel vom Becken zu den Unterschenkelknochen. Sie beugen die Beine und bewegen sie – als Adduktoren – zur Körpermitte. Zudem strecken sie die Oberschenkel.

Die Glutaeus- oder Gesäßmuskeln straffen die Oberschenkel und bewegen sie – als Abduktoren – von der Körpermitte weg.

Das Wissen um Aufbau und Funktion der Wirbelsäule hilft uns zu verstehen, wie es zu Rückenschmerzen kommen kann und wie wir ihnen vorbeugen können, indem wir Fehlfunktionen vermeiden.

So kommt es zu Rückenbeschwerden

Wenn man bedenkt, wie kompliziert der Aufbau der Wirbelsäule ist und aus welch unterschiedlichen Komponenten sie sich zusammensetzt, verwundert es kaum, dass Nacken- und Rückenprobleme so weitverbreitet sind. Im folgenden Kapitel erfahren Sie, welchen Fehlfunktionen die einzelnen Teile der Wirbelsäule und mit ihr zusammenhängende Strukturen unterliegen und welche Erkrankungen sich daraus entwickeln können. Letztere stellen wir Ihnen detailliert im Kapitel »Erkrankungen und Heilmethoden« (siehe S. 114ff.) vor; dort erfahren Sie auch, was Sie dagegen tun können.

Rücken- und Nackenprobleme

Nicht jeder Rücken- oder Nackenschmerz ist das Ergebnis einer Verletzung oder anhaltenden Fehlbelastung. Der Schmerz kann auch infolge einer anderen Erkrankung, etwa einer Blasenentzündung, eines Magengeschwürs oder psychischer Probleme, auftreten.

Schmerzen an der Wirbelsäule

Ursache für Rücken- und Nackenschmerzen können biomechanische Probleme wie ein Bandscheibenvorfall, ein Drehtrauma oder permanente Erschütterungen sein, wie sie beispielsweise bei der Arbeit mit bestimmten Werkzeugen – etwa einem Presslufthammer – vorkommen. Auch bei Menschen, die bei der Arbeit häufig schwer heben müssen, bleiben Rücken- und Nackenschmerzen meist nicht aus.

Darüber hinaus kommt es zu Schmerzen an der Wirbelsäule, wenn Entzündungsprozesse, Tumoren oder rheumatische Erkrankungen wie Arthritis oder Morbus Bechterew (siehe S. 122f.) vorliegen.

Eine weitere Ursache für Rückenschmerzen stellen degenerative Veränderungen wie Osteoporose oder eine Verengung des Wirbelkanals dar. Von Osteoporose betroffene Knochen sind nicht mehr so stabil wie gesunde und deshalb anfälliger für Brüche; sie können auf Nerven drücken und die Beschwerden auf diese Weise auslösen. Auch bei einer Wirbelkanalverengung können Nerven gequetscht werden und Schmerzen verursachen.

Andere Erkrankungen

Doch treten Rücken- und Nackenschmerzen auch infolge von Erkrankungen auf, die nichts mit der Wirbelsäule zu tun haben. Dazu gehören die Folgenden:

Magengeschwür oder Geschwür des Zwölffingerdarms
Entzündung der Bauchspeicheldrüse (Pankreatitis)
Erweiterung der Bauchschlagader
Blasenentzündung oder Nierenentzündung
Gynäkologische Erkrankungen wie Myome der Gebärmutter, Endometriose, Menstruationsbeschwerden und Beckenentzündungen
Probleme in der Schwangerschaft, etwa eine Eileiterschwangerschaft

Seelisch bedingter Schmerz

Auch seelischer Schmerz, etwa eine Depression, der Verlust eines nahestehenden Menschen oder eine andere Lebenskrise, kann sich in Rücken- und Nackenproblemen äußern. Das hängt möglicherweise mit der Art, wie das Gehirn Schmerz verarbeitet, zusammen; man nimmt an, dass die Ausschüttung von Endorphinen – körpereigenen schmerzstillenden Substanzen – unterdrückt wird.

Warnsignale

Einige Beschwerden, die zu Rücken- und Nackenschmerzen führen können, sollten als Warnsignale für versteckte ernsthaftere Erkrankungen aufgefasst werden, die ärztlicher Hilfe bedürfen:

Vor Kurzem aufgetretenes Trauma, etwa eine Verletzung infolge eines Auto- oder Sportunfalls
Schmerz, der sich nachts verschlimmert oder vor allem im Liegen auftritt
Fieber ohne erkennbare Ursache
Gewichtszu- oder -abnahme ohne erkennbare Ursache
Familiäre Vorbelastung hinsichtlich Krebs- oder Nierenerkrankungen, Diabetes mellitus oder Osteoporose

Mögliche Erkrankungen

Im Folgenden finden Sie eine Übersicht über die verschiedenen Bestandteile der Wirbelsäule und von welchen Erkrankungen sie betroffen sein können. Anschließend stellen wir Ihnen die wichtigsten Diagnoseverfahren vor.

Rückenmark und Rückenmarksnerven
Rückenmarksschädigung
Reizung (des Ischiasnervs z. B.), die zu einer Ischialgie führt
Entzündung
Nervenquetschung
Nervenverletzung (etwa bei einer Verengung des Wirbelkanals)
Cauda-equina-Syndrom

Bandscheiben
Bandscheibenvorfall (z. B. bei einem Schleudertrauma der Halswirbelsäule)
Altersbedingte Abnutzung
Zerrung

Sehnen
Sehnen und Bänder sind anfällig für dieselben Verletzungen (siehe dort).

Knochen
Prellungen
Brüche
Trauma (z. B. nach einem Sturz)
Abnehmende Knochendichte (z. B. bei Osteoporose)
Entzündung
Malignom (bösartiger Tumor)

Wirbelsäulenkrümmung
Skoliose (Seitverbiegung der Wirbelsäule)
Lordose (abnorme Krümmung der Lendenwirbelsäule nach vorn)
Kyphose (abnorme Krümmung der Brustwirbelsäule nach hinten; z. B. »Buckel« bei Arthrose)

Muskeln
Muskelkrampf (tritt manchmal bei einem Schleudertrauma auf)
Zerrung
Muskelriss
Verspannungen
Entzündung
Überlastung

Gelenke
Degenerative Veränderungen (etwa bei Arthrose)
Zerrung
Wirbelgleiten (z. B. bei einer Spondylolisthesis)
Überbeanspruchung
Schlechte Haltung
Schwellung
Zerrung oder Entzündung der Facettengelenke

Bänder
Bänderriss
Zerrung
Verstauchung
Trauma (z. B. nach einem Sportunfall)
Überbeanspruchung
Veränderungen in der Schwangerschaft (z. B. im Iliosakralbereich aufgrund hormoneller Umstellungen)

Sonstiges
Die folgenden Erkrankungen können verschiedene Abschnitte der Wirbelsäule betreffen:
Schleudertrauma
Degenerative Veränderungen
Entzündung
Instabilität (z. B. das Wirbelgleiten bei Spondylolisthesis)

Diagnoseverfahren

Um die Ursache für Ihre Rücken- oder Nackenschmerzen herauszufinden, ordnet Ihr Arzt möglicherweise eines oder mehrere der folgenden heute üblichen Diagnoseverfahren an. Darüber hinaus wird er Sie natürlich einer eingehenden körperlichen Untersuchung unterziehen. Die Verfahren werden auch angewendet, um mögliche andere Erkrankungen auszuschließen oder eine Operation vorzubereiten. Bei der Festlegung einer Therapie sind sie ebenfalls hilfreich.

MRT
(Magnet-Resonanz-Tomografie)

Anstelle von Röntgenstrahlen bedient sich die Magnet-Resonanz-Tomografie, umgangssprachlich auch Kernspin-Tomografie genannt, veränderlicher Magnetfelder zur Darstellung verschiedener Körperbereiche. Dabei macht sie es sich zunutze, dass Gewebe an verschiedenen Körperstellen jeweils verschiedene Schwingungseigenschaften hat, die sich je nach Erkrankung – etwa bei einer Entzündung – verändern.

Ein Magnet-Resonanz-Tomogramm liefert ein ausgezeichnetes Bild der Wirbelsäule sowie weichen Gewebes wie Bandscheiben, Muskeln und Bänder. Es eignet sich hervorragend zur Diagnose einer Verengung des Wirbelkanals, einer Schädigung des Rückenmarks, einer Infektion sowie von Tumoren. Auch zur Vorbereitung einer Operation – etwa bei Wirbelkanalverengung oder manchen Bandscheibenvorfällen – kommt die MRT zum Einsatz.

Im Laufe der Untersuchung müssen Sie etwa eine Stunde lang sehr ruhig in einer schmalen Röhre liegen; zuvor wird ausgeschlossen, dass Sie metallische Gegenstand am oder im Körper haben. Sollten Sie an Klaustrophobie leiden, bekommen Sie noch ein Beruhigungsmittel.

Anwendungsbereiche

- Verdacht auf akutes Cauda-equina-Syndrom (siehe S. 117)
- Progressive neurologische Symptome
- Symptome, die auf eine Infektion oder einen Tumor schließen lassen
- OP-Vorbereitung bei Wirbelkanalverengung
- OP-Vorbereitung bei Bandscheibenvorfall
- Diagnose degenerativer Veränderungen bei wiederholten oder anhaltenden Rückenschmerzen

Eine MRT ist in den folgenden Fällen nicht ratsam:

- In der Schwangerschaft
- Nach chirurgischen Eingriffen an den Blutgefäßen
- Bei stark ausgeprägter Klaustrophobie
- Wenn der Patient einen Herzschrittmacher oder metallische Gegenstände im Körper hat

Röntgenaufnahmen

Röntgenaufnahmen der Wirbelsäule zeigen die Wirbelsäule selbst, das Kreuzbein sowie die Iliosakralgelenke. Sie dienen zur Einschätzung der Knochenqualität und enthüllen arthritische Veränderungen sowie verengte Zwischenräume zwischen den Bandscheiben. In den folgenden Fällen wird Ihnen Ihr Arzt vermutlich eine Untersuchung mit Röntgenstrahlen verordnen:

- Bei Warnsignalen Ihres Körpers (siehe S. 16)
- Bei ernsthaften Verletzungen und Verdacht auf Knochenbrüche
- Wenn in der Familie Osteoporose oder eine Krebserkrankung vorliegt
- Bei nächtlichen Schmerzzuständen, die sich im Liegen nicht bessern oder noch verschlimmern
- Bei anhaltenden Rückenschmerzen
- Bei Symptomen, die auf instabile Wirbel schließen lassen
- Bei Verdacht auf arthritische Veränderungen, die mit Schmerz und/oder Bewegungseinschränkungen einhergehen

Schwangere Patientinnen sollten Röntgenstrahlen nicht ausgesetzt werden, da das ungeborene Kind Schaden nehmen kann.

CT
(Computertomografie)

Die Computertomografie bedient sich normaler Röntgenstrahlen, um ein dreidimensionales Bild bestimmter Körperstrukturen zu erstellen. Bei der schmerzlosen Prozedur liegt der Patient auf einer Liege, die unter einen speziellen Bogen mit der technischen Apparatur gefahren wird.

Im Computertomogramm sieht man sowohl die Knochen als auch weiches Gewebe wie Nerven, Bandscheiben und Bänder. Das CT wird zur Diagnose einer Wirbelkanalverengung, eines Bandscheibenvorfalls, einer Nervenquetschung und zur Diagnose von Knochenabtragungen aufgrund einer Infektion oder eines Tumors herangezogen. Auch präoperativ kommt es zum Einsatz, etwa bei einer Wirbelkanalverengung durch Arthrose.

Im postoperativen Bereich hilft das CT dem Chirurgen, die Lage von Implantaten wie Schrauben oder Platten zu überprüfen, die z. B. bei einer Wirbelfusion – der Verschmelzung zweier Wirbel – eingesetzt werden.

Obwohl der Patient bei der Computertomografie lediglich einer minimalen Strahlenmenge ausgesetzt ist, sollte sie bei schwangeren Frauen – wenn überhaupt – nur mit Vorsicht angewendet werden.

Isotopen-Knochenscan
(Technetium und SPECT)

Bei diesem Verfahren wird die Aktivität der Knochenzellen gemessen. Dazu wird eine harmlose radioaktive Substanz, ein Marker, in eine Handvene gespritzt; zwei Stunden später wird der gesamte Körper oder ein Teil des Körpers gescannt. Aktive Bereiche zeigen sich als sogenannte Hot Spots.

Mit dem Knochenscan kann man feinste Frakturen und andere Verletzungen der Knochen aufdecken, die man mit Röntgenstrahlen nicht erfassen kann. So unterscheidet der Scan beispielsweise zwischen einem alten und einem frischen Bruch. Auch Infektionen, Metastasen und eine Osteoporose spürt er auf.

Wie andere Strahlenverfahren ist auch der Isotopen-Knochenscan in der Schwangerschaft nicht anzuraten.

Myelografie
(Rückenmark-Röntgenuntersuchung)

Bei der Myelografie wird dem Patienten ein strahlendichter Farbstoff, ein Kontrastmittel, in die Hülle des Rückenmarks und der Nervenwurzeln gespritzt. Das Kontrastmittel erleichtert die Darstellung. Anschließend wird eine Röntgenaufnahme gemacht. Das Verfahren bietet sich zur Diagnose einer Nervenquetschung oder einer Erkrankung des Rückenmarks an.

Bei der Untersuchung ist die Einführung einer langen Nadel in den Rücken erforderlich; als Nebenwirkungen können Kopfschmerzen und Nervenreizungen auftreten. Manchmal wird die Myelografie in Kombination mit einer Computertomografie angewendet, größtenteils wurde sie jedoch durch die MRT (siehe S. 19) ersetzt.

SPECT
(Einzelphotonen-Emissionstomografie)

Die SPECT funktioniert ähnlich wie ein normaler Knochenscan und liefert wie die Computertomografie eine dreidimensionale Darstellung. Sie wird vor allem zur Diagnose einer Arthrose der Facettengelenke vor einer Injektionstherapie angewendet sowie zur postoperativen Auswertung einer Wirbelfusion.

Die SPECT kann eine CT oder MRT zwar nicht ersetzen, das Problem aber genauer lokalisieren.

Diskografie (Bandscheiben-Röntgenuntersuchung)

Bei der Diskografie wird eine Nadel unter Röntgenkontrolle in die Bandscheibe eingeführt. Anschließend werden ein Kontrastmittel und eine Kochsalzlösung gespritzt.

Normalerweise wird die Untersuchung ohne Beruhigungsmittel oder Narkose durchgeführt, da der Patient eine Rückmeldung über das, was er spürt, geben muss. Meist wird jedoch eine Lokalanästhesie an der Einstichstelle durchgeführt.

Die Diskografie kommt in den folgenden Fällen zum Einsatz:

- Zur Diagnose eines Bandscheibenvorfalls bei Schmerzen im unteren Rücken
- Zur Einschätzung des möglichen Erfolgs bestimmter invasiver Maßnahmen an der Bandscheibe
- Bei der OP-Vorbereitung und zur Einschätzung ihres möglichen Ergebnisses

Bluttests

Die folgenden Bluttests werden ebenfalls zur Diagnose von Rücken- und Nackenbeschwerden herangezogen (siehe dazu auch das Glossar, S. 136ff.):

- Blutbild und Blutsenkung bei bestimmten Warnsignalen des Körpers (siehe S. 16) bzw. wenn der Schmerz schon mehrere Wochen anhält
- Blutbild, Blutsenkung, Test auf C-reaktives Protein, Tuberkulosetests und Blutkulturen zur Aufspürung möglicher Infektionen
- Blutbild, Blutsenkung, Test auf Kalziumphosphat, Serumeiweiß, Leberenzyme und – bei Männern – das prostataspezifische Antigen zur Aufspürung möglicher bösartiger Tumoren
- Blutbild, Blutsenkung, Rheumafaktor-Screen und HLA-B27-Screen zur Diagnose krankhafter Veränderungen an der Wirbelsäule wie Arthritis oder Morbus Bechterew

Nerventests

Die folgenden Nerventests werden entweder zur Diagnose oder zur Überwachung bei chirurgischen Eingriffen an der Wirbelsäule angewendet:

- Die EMG (Elektromyografie) misst die Funktion motorischer Nerven, die es den Muskeln ermöglichen, sich zusammenzuziehen.
- SSEPs (Somato-sensorisch evozierte Potenziale) testen die Funktionsfähigkeit sensorischer Nerven.
- Nervenleitungstests untersuchen die Übertragungsgeschwindigkeit der elektrischen Nervenimpulse.

Mit dem Schmerz umgehen

Schmerz ist mehr als nur eine unangenehme sensorische und emotionale Erfahrung. Der Schmerz ist so, wie die Person, die ihn beschreibt, ihn empfindet, und er ist genau dort, wo die Person ihn wahrnimmt. Der Betroffene ist der Einzige, der den Schmerz akkurat beschreiben kann.

Der Schmerz hat eine Funktion

Schmerz ist ein Warnsignal, das uns auf einen möglichen Schaden hinweisen soll. Dieser Schutzmechanismus sorgt für unser Überleben. Darüber hinaus hilft er uns, gefährliche Gegenstände und Situationen zu erkennen. Und schließlich fördert Schmerz die Heilung, indem er unsere Aktivität einschränkt und uns zur Ruhe zwingt, die für die Regeneration unabdingbar ist.

Schmerzwahrnehmung

Da die Wahrnehmung und Deutung von Schmerz von der individuellen Erfahrung abhängt, sind sie für jeden Menschen anders. Wie wir den Schmerz wahrnehmen und interpretieren, hängt nicht nur vom Grad des körperlichen Schadens ab, sondern auch von anderen Faktoren wie Angst, psychischer Verstimmung, Aufmerksamkeit, Erwartung, Duldungsfähigkeit, vergangenen Erfahrungen und kulturellem Umfeld.

Schmerzleitungsbahn

Das Netzwerk, das Impulse und Empfindungen, die bei Krankheit oder einer Verletzung entstehen, weitergibt und steuert, kann man sich als eine Art Schmerzleitungsbahn vorstellen. Wie diese Schmerzleitungsbahn funktioniert, versuchten der kanadische Psychologe Ronald Melzack und der britische Physiologe Patrick Wall in den 1960er-Jahren anhand ihrer »Gate Control«-Theorie zu erläutern. Da die Theorie erklärt, warum schmerzlindernde Verfahren wie Akupunktur, Massage und TENS (siehe S. 31, 30, 28) funktionieren, wollen wir sie hier kurz vorstellen.

»Gate Control«-Theorie

Melzack und Wall gehen davon aus, dass ein bestimmter Mechanismus des Nervensystems den Fluss der Nervenimpulse zum Gehirn steuert. Der Mechanismus kann sich wie ein Tor (engl.: *gate)* öffnen und schließen und so mehr oder weniger Impulse durchlassen. Man kann diesen Mechanismus durch verschiedene psychologische Faktoren (siehe S. 34ff.) beeinflussen – was zumindest teilweise erklärt, warum manche Menschen Schmerz besser ertragen als andere.

Einige natürliche Methoden zur Schmerzkontrolle – beispielsweise Yoga – basieren darauf, dieses Tor zu schließen, um zu verhindern, dass schädliche Reize ins Gehirn gelangen. Sie setzen voraus, dass Schmerzsignale bereits im frühesten Stadium ihrer Übertragung über das Nervensystem blockiert werden können, und mobilisieren dadurch die körpereigenen Ressourcen der Schmerzlinderung und Heilung.

Schmerzen stillen

Rücken- und Nackenschmerzen können auf vielfältige Weise gelindert werden. Dazu gehören nichtinvasive Maßnahmen – etwa die Anwendung von Wärme oder Kälte – ebenso wie invasive, etwa gespritzte Schmerzmittel oder chirurgische Eingriffe. Sie alle zielen nicht nur darauf ab, Schmerzen zu lindern, sondern sollen auch die Beweglichkeit, Funktionsfähigkeit und Lebensqualität verbessern. Schmerzen äußern sich im Wesentlichen in drei Erscheinungsformen.

Akuter Schmerz

Diese Art Schmerz hält meist nicht länger als sechs Monate an und hat einen definierbaren Anfang. Seine Dauer ist vorhersagbar; in der Regel löst er sich mit der Erkrankung, mit der er einhergeht, auf. Beschrieben wird akuter Schmerz oft als »stechend« oder »einschießend«. Er geht wieder weg oder lässt sich mit einer entsprechenden Behandlung kontrollieren.

Chronischer Schmerz

Diese Art Schmerz setzt schleichend ein und variiert in der Intensität von leicht bis stark. Er hält konstant an oder tritt immer wieder auf und hat kein vorhersagbares Ende. Meist hält chronischer Schmerz länger als sechs Monate an. Beschrieben werden kann er oft nur vage, zudem hat er schwer identifizierbare Ursachen; deshalb ist auch die Behandlung von chronischem Schmerz sehr unterschiedlich. Man unterscheidet die folgenden drei Arten:

Primär chronischer Schmerz, etwa im Bereich des unteren Rückens, bei rheumatoider Arthritis oder Schleudertrauma

Chronisch intermittierender Schmerz, also nur zeitweise auftretender Schmerz, etwa bei Arthritis

Chronisch maligner Schmerz, etwa infolge einer Krebserkrankung

Da er meist sehr lange anhält, ist chronischer Schmerz schwerer zu ertragen als akuter; in der Regel zieht er Verhaltens- bis hin zu Persönlichkeitsveränderungen nach sich, beispielsweise Angstzustände, Depressionen, Schlaflosigkeit, Erschöpfung sowie eine dramatische Gewichtszu- oder -abnahme.

Ausstrahlender Schmerz

Diese Art Schmerz wird an einer anderen als an der erkrankten oder verletzten Körperstelle wahrgenommen. Bei Erkrankungen der Gallenblase z. B. strahlt der Schmerz oft in den oberen Rücken in die Nähe des rechten Schulterblatts aus.

Physikalische Therapien

Für welche Therapie zur Schmerzlinderung Sie sich entscheiden, hängt maßgeblich von Ihren spezifischen Beschwerden sowie davon ab, wie gut Sie den Schmerz und die damit verbundenen Symptome tolerieren (siehe S. 24). Zur Linderung von Rücken- und Nackenschmerzen bieten sich oft physikalische Therapien an. Meist reichen sie aus, um die volle Funktionsfähigkeit wiederherzustellen.

Kryotherapie (Kältetherapie)

Die Anwendung von Kälte hat sich bei der Behandlung akuter Schmerzen seit Jahrhunderten bewährt. Die Kälte senkt die Temperatur der Haut und darunter liegender Gewebe, stillt Blutungen durch das Zusammenziehen der Blutgefäße, vermindert Muskelkrämpfe und setzt den Stoffwechsel lokaler Gewebe herab.

Die vielleicht effizienteste Anwendung besteht in einem Eisbeutel, den man in ein feuchtes Handtuch wickelt und etwa 20 Minuten auf die betroffene Körperstelle auflegt. Bei akuten Schmerzen im Lendenwirbelbereich sollte die Anwendung in den ersten 48 bis 72 Stunden mehrmals im Abstand von rund 40 Minuten erfolgen.

In der Apotheke gibt es Gelkompressen zu kaufen, die Sie im Kühlschrank oder Gefrierfach kühlen können. Auch die Kompressen sollten Sie allerdings nicht direkt auf die Haut aufbringen, da es sonst zu Erfrierungen kommen kann. Bei rheumatoider Arthritis sind sie nicht zu empfehlen.

Oberflächliche Wärmetherapie

Die lokale Anwendung von Wärme mindert Muskelkrämpfe und fördert die Entspannung sowie das Wohlbefinden. Zudem steigert sie den Gewebestoffwechsel und regt die Durchblutung an, was zu einer Schmerzlinderung führt. Im Allgemeinen wird die Anwendung mit erhitzten Gelkompressen oder Heizdecken durchgeführt – bei Schmerzen im unteren Rücken etwa 48 bis 72 Stunden nach deren Auftreten. Auch bei einigen Formen von chronischen Rückenschmerzen und Muskelkrämpfen greift man auf die Wärmetherapie zurück.

In der entzündlichen Phase bei akuten Schmerzen im Lendenwirbelsäulenbereich – also in den ersten 48 bis 72 Stunden – sollte keine Wärme, sondern Kälte angewendet werden (siehe oben). Auch wenn die Rückenschmerzen nach einem Unfall, Sturz oder Schlag auftreten, ist Wärme kontraindiziert.

Ultraschallbehandlung

Bei dieser Therapieform kommen hochfrequente Schallwellen zum Einsatz. Dabei führt der Arzt oder Physiotherapeut den Tastkopf des Ultraschallgeräts über die schmerzende Stelle.

Die Behandlung hat sich besonders bei Verletzungen der Muskeln und Sehnen bewährt: Sie fördert die Durchblutung, mindert Muskelkrämpfe und stillt den Schmerz. Auch bei Knochenbrüchen und zur Regenierung von Knorpelgewebe wird Ultraschall eingesetzt. Nicht ratsam ist die Anwendung in folgenden Fällen:

Bei bestimmten arthritischen Erkrankungen, bei denen Wärme die Gelenkdegeneration tatsächlich verschlechtert

Bei entzündlichen Prozessen oder Bluterkrankungen

Bei Tumoren, ob bösartig oder nicht

Zur Schmerzlinderung während der Schwangerschaft

Kurzwellendiathermie

Die Kurzwellendiathermie wirkt ähnlich wie die Behandlung mit Ultraschall. Hierbei erzeugt hochfrequenter elektrischer Strom eine Vibration, die tiefe Gewebeschichten erwärmt.

Wie andere Wärmeanwendungen sollte auch die Kurzwellendiathermie nicht in der akuten Phase von Schmerzen im unteren Rücken zum Einsatz kommen, ebenso wenig wie bei Patienten mit Metallimplantaten oder einem Herzschrittmacher.

Hydrotherapie

Die äußerliche Anwendung von Wasser macht sich die natürlichen therapeutischen Eigenschaften dieses Elements zunutze: Kaltes Wassers zieht oberflächliche Gefäße zusammen und hemmt Entzündungen; warmes Wasser weitet die Blutgefäße, fördert die Durchblutung und entspannt. Eine bessere Durchblutung bringt mehr Sauerstoff und Nährstoffe in die Zellen, im Gegenzug werden Stoffwechselabfallprodukte rascher abtransportiert. Sie stärkt das Immunsystem und beschleunigt die Heilung.

Bei einigen Therapien kommen kaltes und warmes Wasser abwechselnd zum Einsatz. Damit wird das Hormonsystem angeregt, Blutstauungen werden aufgelöst und entzündliche Prozesse gestoppt.

Bei sportlichen Betätigungen im Wasser unterliegt die Wirbelsäule nicht der Schwerkraft und wird so weniger belastet; Wassersport bietet sich demnach besonders bei Schmerzen im unteren Rücken an. Viele Krankenhäuser verfügen mittlerweile über ein Schwimmbecken, wo entsprechende physiotherapeutische Behandlungen angeboten werden.

Zur Hydrotherapie gehören auch Bäder im Whirlpool, bei denen eine rund 15-minütige Unterwassermassage durch Luftblasen erfolgt. Die Wassertemperatur kann je nach Bedarf individuell eingestellt werden. Da hier jedoch ein erhöhtes Infektionsrisiko besteht, sollten Whirlpoolbäder in den ersten 14 Tagen nach einer Operation nicht vorgenommen werden.

20- bis 30-minütige warme Bäder bei einer Wassertemperatur von etwa 38 °C sollen bei bestimmten arthritischen Erkrankungen helfen. Hier können auch Badezusätze wie Öle oder Kräuter verwendet werden.

TENS

(Transkutane Elektrische Nervenstimulation)

Bei dieser Therapieform wird ein Niedrigvoltstrom auf der Haut angewendet, um Nerven und Muskeln zu stimulieren.

Wie TENS im Einzelnen wirkt, weiß man nicht genau; man nimmt aber an, dass die Methode die Schmerzwahrnehmung gemäß der »Gate Control«-Theorie (siehe S. 24) verändert.

TENS wird überwiegend bei chronischen und wiederkehrenden Rückenschmerzen angewendet, hat sich aber auch bei der Rehabilitation nach Sportverletzungen als nützlich erwiesen und wird häufig mit anderen Methoden zur Schmerzlinderung und zur Wiederherstellung der normalen Körperfunktion kombiniert. In den folgenden Fällen ist TENS nicht ratsam:

Während der Schwangerschaft

Bei Herzrhythmusstörungen bzw. wenn der Patient einen Herzschrittmacher hat

Zur Anwendung im Halsbereich

Bei Infektionen oder einem Tumor

Streckung (Extension)

Bei einer Streckung zieht ein Gewicht an einem Körperteil, während der Rumpf des Patienten fixiert bleibt. Die Streckung erfolgt entweder per Hand – manuelle Streckung – oder durch eine Apparatur. Jahrhundertelang setzte man die Streckung mit einer Beckenschlinge, Gewichten und Seilzügen zur Behandlung von Beschwerden im unteren Rücken ein. Die Ziele dabei sind u. a. folgende:

Beschleunigung der Heilung bei Knochenbrüchen, wobei gleichzeitig sichergestellt werden sollte, dass die Knochen gerade zusammenwachsen

Verminderung von Muskelkrämpfen, die infolge von Knochenbrüchen, Schmerzen im unteren Rücken, bei Schleudertrauma oder nach einer OP auftreten

Ruhigstellung bestimmter Körperteile, um weiches Gewebe vor Schaden zu bewahren

Regeneration entzündeter, schmerzender oder erkrankter Gelenke

Druckentlastung von Rückenmarksnerven und Bandscheiben

Zu den Nachteilen der Methode gehört eine längere Phase der Bettruhe.

Schwerkraftextension

Bei dieser Methode wird die Schwerkraft – verstärkt durch Gewichtsmanschetten oder ähnliche Geräte – genutzt, um den Raum zwischen den Wirbeln zu weiten und damit den Druck auf die Bandscheiben zu mindern.

Für gewöhnlich ist diese Prozedur, bei der die Patienten auch manchmal kopfüber »aufgehängt« werden, körperlich sehr anstrengend; sie kann zu Kopfschmerzen, erhöhtem Blutdruck und Herzrasen führen. Bei Bluthochdruck und grünem Star verbietet sie sich deshalb von selbst.

Korsetts und andere Stützen

Korsetts und Stützen für den unteren Rücken können in der akuten Phase bestimmter Arten von Rückenschmerz sehr nützlich sein; auch zur Vorbeugung – wenn man anfällig für Rückenschmerzen ist und weiß, dass ein anstrengender Tag bevorsteht – eignen sie sich. Sie stützen den Rücken und sorgen für eine gute Haltung.

Nichtsdestotrotz tun sie die Arbeit, die eigentlich die Muskulatur tun sollte. Und eine unbenutzte Muskulatur wird immer schwächer und immer anfälliger für Verletzungen. Korsetts und Stützverbände sollten deshalb nur in begrenztem Umfang zur Anwendung kommen.

Orthetik

Die individuelle Gangart beeinflusst das Wohlbefinden ebenso sehr wie die Haltung. Denn sie bestimmt im Großen und Ganzen, wie das Gewicht auf die Beine und Füße verteilt wird.

Die Gangart wiederum wird vom Schuhwerk beeinflusst. Sitzt der Schuh schlecht, sind Sie möglicherweise gezwungen, Ihre Wirbelsäule nach vorn oder hinten durchzudrücken, um das Gleichgewicht zu halten. Dies wirkt sich negativ auf Nacken und Rücken aus und kann zu Überlastung, Zerrungen und anderen Erkrankungen führen.

In der Orthetik – der Kunst von der Haltungskorrektur durch Prothesen – werden bestimmte orthopädische Hilfsmittel wie z. B. Schuheinlagen verwendet, die für einen besseren Gang und damit eine bessere Haltung sorgen sollen. Als alleinige Therapie von Rückenschmerzen reichen sie zwar nicht aus, sie können andere Behandlungsformen aber sinnvoll ergänzen.

Heilende Hände

Der erste der fünf Sinne, den ein Embryo im Mutterleib entwickelt, ist der Tastsinn. Er ist auch am engsten mit unserem größten Organ – der Haut – verbunden. Sowohl die Haut als auch das Nervensystem gehen aus dem Ektoderm, der äußeren Hülle um den Embryo, hervor; somit kann man die Haut gewissermaßen als Teil des Nervensystems betrachten. Zudem ist sie wichtiger Bestandteil des Immunsystems, der uns vor Krankheitserregern schützt.

Wohltuende Berührung

Alle Therapien, bei denen der Therapeut seine Hände einsetzt, machen sich die Tastfunktionen der Haut zunutze. Die biochemischen Vorteile der Berührung sind mittlerweile gut dokumentiert; so erkranken beispielsweise Babys, die oft gehalten werden, seltener und entwickeln sich rascher.

Massage

Massage könnte man als Heilbehandlung mittels Manipulation – der Berührung durch die Hände – bezeichnen. Obwohl es unzählige elektrische und mechanische Massagegeräte gibt, kann nichts die menschlichen Hände ersetzen.

Dass Massage Schmerzen lindert, liegt zum einen wahrscheinlich daran, dass schädliche Reize zum Gehirn blockiert werden (siehe die »Gate Control«-Theorie, S. 24). Zum anderen regt sie die Ausschüttung körpereigener schmerzstillender Substanzen – der Endorphine und Enkephaline – an.

Massage kann sehr nützlich bei der Behan chronischer Schmerzen im Nacken und untere Rücken sein und löst auch damit verbundene S me wie Angst und Schlaflosigkeit auf. Sie wird allem aus den folgenden Gründen angewendet

Linderung von Schmerzen und Krämpfen
Förderung der Entspannung
Dehnung der Muskeln und Erhöhung des Muskeltonus
Glättung von Verwachsungen und Narbengew
Förderung der Durchblutung, Anregung des St wechsels und Beseitung von Abfallprodukten
Verbesserung der Mobilität

Nicht angewendet werden sollte Massage in de genden Fällen:

In der Nähe einer eitrigen Verletzung oder eine Krebsgeschwürs
Im Bereich des Kreuzbeins in den ersten acht Monaten der Schwangerschaft
Bei Rückenschmerzen infolge eines Sturzes oder anderen Verletzung

Shiatsu

Wörtlich übersetzt bedeutet der japanische Begriff »Fingerdruck«; in die bei uns praktizierte Methode aus der Traditionellen Chinesischen Medizin (TCM) sind westliche Erkenntnisse der Anatomie und Physiologie eingeflossen. Sie ähnelt der Akupunktur (siehe S. 31), kommt aber ohne Nadeln aus.

Shiatsu hat sich vor allem bei der Linderung der Angst, die mit chronischen Rückenschmerzen einhergeht, bewährt. Meist ist die Methode Teil eines umfangreicheren Therapieplans zur Behandlung bestimmter Rückenerkrankungen und einiger Formen von Arthritis.

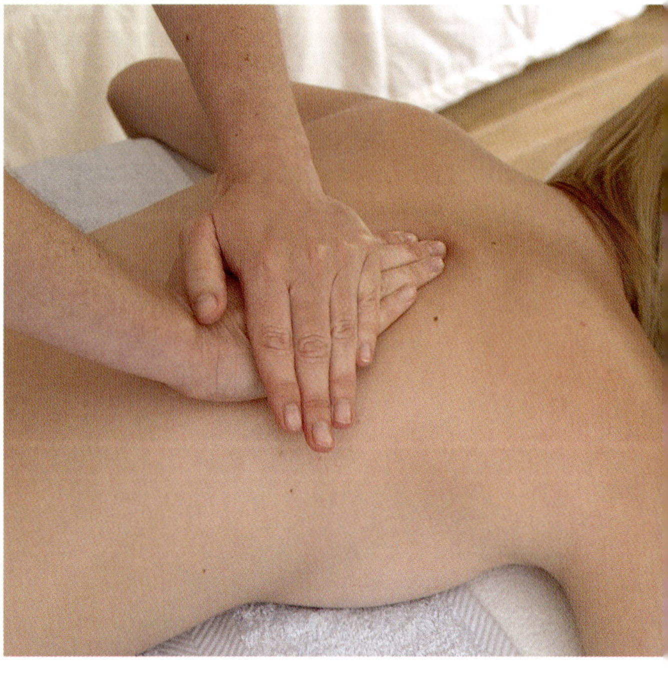

Akupressur

Die Akupressur – manchmal auch als »Akupunktur ohne Nadeln« bezeichnet – ist Teil der Traditionellen Chinesischen Medizin und benutzt den Druck der Finger und des Daumens, um den Fluss der Lebensenergie Chi anzuregen.

Sie beruht auf der Ansicht, dass sich die Lebensenergie auf bestimmten Energieleitbahnen – den Meridianen – im Körper bewegt und dass Krankheit das Ergebnis einer Blockade innerhalb dieses Energieflusses ist. Mit der Akupressur sollen die Blockaden gelöst werden; dabei wird auf bestimmte Punkte entlang den Meridianen – die sogenannten Akupunkturpunkte – sanfter Druck ausgeübt.

Bewährt hat sich Akupressur bei verschiedenen Formen von Nacken-, Schulter- und Rückenschmerzen, Ischialgien (siehe S. 116) und rheumatischen Erkrankungen.

Akupunktur

Sie basiert auf denselben Prinzipien wie die Akupressur (siehe oben), bedient sich anstatt des Fingerdrucks allerdings spezieller Nadeln. Diese sind sehr dünn, man spürt den Einstich kaum.

Auch die Akupunktur funktioniert möglicherweise aufgrund der »Gate Control«-Theorie (siehe S. 24); man wendet sie zur Behandlung akuter und chronischer Rückenschmerzen sowie bei Ischialgien an – allerdings bei einer Schwangerschaft nicht im Bereich der Lendenwirbelsäule, da dies eine Kontraktion der Gebärmutter fördern kann.

Reflexzonenmassage

In der Reflexzonenlehre geht man davon aus, dass bestimmte Stellen an Händen und Füßen andere Körperstellen widerspiegeln. Massiert man eine Reflexzone, regt dies die Selbstheilungskräfte des jeweils zugeordneten Organs oder der Körperpartie an.

In den Füßen enden Tausende von Nerven; unterzieht man sie einer Fußreflexzonenmassage, kann dies zu tiefer körperlicher Entspannung führen. Die Durchblutung wird gefördert, und es gelangen mehr Sauerstoff und mehr Nährstoffe in alle Körperzellen.

Gute Ergebnisse sind mit der Reflexzonenmassage bei bestimmten Rückenschmerzen und damit verbundenen Stresssymptomen erzielt worden.

Chiropraktik

Die in der westlichen alternativen Medizin weitverbreitete Methode der Chiropraktik (von griech.: *cheior*, Hand, und *praktikos*, tun) wurde von dem kanadischen Osteopathen Daniel David Palmer gegen Ende des 19. Jahrhunderts entwickelt. Mit ihr diagnostiziert man Erkrankungen der Wirbelsäule, Gelenke und Muskeln, um die Gesundheit des Nervensystems zu erhalten.

Die Chiropraktik geht davon aus, dass Erkrankungen der Wirbelsäule – der Verbindung zwischen Gehirn und restlichem Körper – auch Einfluss auf andere Teile der Anatomie haben. Erfüllt das Skelettgerüst seine Aufgabe reibungslos, sorgen die Selbstheilungskräfte des Körpers dafür, dass das ganze System harmonisch funktioniert.

Um Fehlhaltungen – in vielen Fällen die Ursache für Schmerzen im unteren Rücken – zu korrigieren, wendet die Chiropraktik im Wesentlichen zwei Techniken an. Die Schmerzlinderung erfolgt dabei teilweise über die Ausschüttung von Endorphinen, körpereigener schmerzstillender Substanzen.

Bewährt hat sich die Chiropraktik insbesondere bei bestimmten Problemen an Nacken und Rücken, bei verschiedenen Funktionsstörungen von Muskeln und Gelenken sowie bei Haltungsschäden.

Obwohl die Methode generell sehr sicher ist, sollte sie bei ernsthaften Erkrankungen wie Nervenschmerzen mit Taubheitsgefühl, Krebs und Osteoporose nicht angewendet werden.

Osteopathie

Die Therapie wurde in den 1870er-Jahren von dem Militärarzt Andrew Taylor Still entwickelt. Auch sie basiert auf der Annahme, dass sich der Körper unter den richtigen Bedingungen selbst heilt.

Bei der osteopathischen Behandlung werden Durchblutung und Lymphfluss angeregt und die normale Nervenreizleitung gefördert. Dabei wird sanfter Druck überwiegend auf weiches Gewebe statt auf Knochen und Gelenke ausgeübt. Manchmal wird die manuelle Therapie mit Medikamenten kombiniert.

Die Osteopathie bietet sich zur Behandlung leichterer Nacken- und Rückenschmerzen und arthritischer Erkrankungen sowie bei Sportverletzungen an.

Haltung und Körpermechanik

Im Allgemeinen bezieht sich der Begriff »Haltung« auf die Position des Körpers im Raum. Mit Körpermechanik ist gemeint, wie man den Körper und seine einzelnen Teile bei Alltagsverrichtungen benutzt. Sowohl Haltung als auch Körpermechanik sind wichtig für die Gesundheit und das Wohlbefinden. Sie bestimmen, wie viel Druck auf Knochen, Muskeln, Sehnen, Bandscheiben und anderen Gewebestrukturen lastet.

Eine gute Haltung und Körpermechanik reduzieren Drücke auf ein Minimum und lenken sie zudem dorthin, wo sie am besten ausgehalten werden. Eine schlechte Haltung setzt die Wirbelsäule dem Risiko der Überlastung aus; auch die Nerven geraten unnötig unter Druck, die Folgen sind Schmerz und Dysfunktionen.

Mittlerweile sind verschiedene Techniken zur Korrektur von Haltung und Bewegungsmustern bekannt. Sie lehren den sichersten und effizientesten Einsatz des Körpers im Alltag und helfen so dabei, Schmerzen zu vermeiden oder zu lindern und die normale Körperfunktion zu erhalten.

Die Alexander-Technik

Diese Methode zur Haltungskorrektur entwickelte der australische Schauspieler Frederick Matthias Alexander im 19. Jahrhundert. Alexander litt an Heiserkeit, die seine Schauspielerei beeinträchtigte, und war von der ärztlichen Behandlung, die ihm nur vorübergehend Linderung verschaffte, enttäuscht. Er suchte nach einer befriedigenderen Lösung und fand heraus, dass er bei richtiger Haltung und Körpermechanik viel effizienter agierte; die Muskeln verkrampften sich nicht mehr so stark, die Schmerzen ließen nach.

Die Alexander-Technik konzentriert sich auf den richtigen Einsatz des Körpers im Alltag; Spannungen sollen abgebaut werden, Anstrengungen nachlassen. So lastet weniger Druck auf Gelenken, Muskeln und Bändern – ein Garant für weniger Verletzungen und eine schnellere Heilung.

Am besten erlernt man die Technik unter Anleitung eines in der Methode ausgebildeten Therapeuten. Sie kommt bei Schleudertrauma, Rückenschmerzen, Überlastungsverletzungen, Ischialgien und rheumatischen Erkrankungen zum Einsatz.

Die Feldenkrais-Methode

Diese Methode entwickelte Dr. Moshe Feldenkrais in den 1940er-Jahren. Sie steigert die Körperwahrnehmung und fördert die Beweglichkeit.

Feldenkrais ging davon aus, dass Fehlhaltungen und falsche Bewegungsmuster das Nervensystem stören und dass durch die Vermeidung der Fehlhaltungen die normale Körperfunktion wiederhergestellt werden kann. Bestandteil der Methode ist auch die sogenannte Funktionale Integration, bei der in Einzelarbeit am Patienten individuelle Bewegungszusammenhänge mit den Händen erspürt werden.

Die Feldenkrais-Methode hat sich bei Wirbelsäulen- und Muskelschmerzen sowie bei Sportverletzungen bewährt.

Die Rosen-Methode

Diese auch auf den emotionalen Bereich abzielende physikalische Therapie wurde in den 1940er-Jahren von der Physiotherapeutin Marion Rosen entwickelt. Dabei soll das natürliche Gleichgewicht von Körper und Geist wiederhergestellt werden. Spannungen werden abgebaut, Blockaden gelöst, ungesunde Verhaltensmuster werden aufgedeckt und korrigiert. Zudem wird das Augenmerk auf die Verbindung zwischen Atem und Emotionen gerichtet. Neben Haltungskorrekturen finden auch Massagen sowie Beweglichkeits-, Atem- und Entspannungsübungen statt.

Die Rosen-Methode hat sich vor allem bei chronischen Rückenschmerzen und dort, wo andere Therapien versagt haben, als nützlich erwiesen.

Psychosomatische Therapien

Die »Gate Control«-Theorie (siehe S. 24) geht davon aus, dass einige Techniken zur Schmerzlinderung Schmerzsignale an das Gehirn unterdrücken. Die im Folgenden vorgestellten psychologischen Methoden sind nur einige von vielen, mit denen man Schmerz auf ein erträgliches Niveau gewissermaßen herunterregeln kann. Schon das Gefühl der Kontrolle, das Gefühl, dem Schmerz nicht hilflos ausgeliefert zu sein, ist von großer Bedeutung. Gearbeitet wird mit Suggestion, Ablenkung und Entspannung.

Autogenes Training

Die Entspannungstechnik wurde in den 1920er-Jahren von dem deutschen Psychiater Johannes Schultz entwickelt. Sie besteht aus der geistigen Wiederholung bestimmter Phrasen, etwa: »Mein rechter Arm ist schwer.« Dies soll die Muskeln entspannen, die Durchblutung anregen und somit Stress aktiv entgegenwirken und die Selbstheilungskräfte mobilisieren.

Die Technik bietet sich vor allem dann an, wenn die Schmerzen als Stressreaktion eingeordnet werden können.

Biofeedback

Beim Biofeedback wird mittels elektronischer Überwachungsgeräte, die durch Elektroden mit der Haut verbunden sind, eine Rückmeldung über bestimmte Körperfunktionen wie Muskelkontraktionen, Herzfrequenz und Aktivität der Gehirnwellen gegeben. Anhand dieser Informationen werden dem Patienten anschließend entsprechende Entspannungstechniken beigebracht. Durch die Übungen gewinnt der Patient ein gewisses Maß an Kontrolle über körperliche Reaktionen, die er bislang für unwillkürlich hielt, etwa über die Durchblutung oder die Hauttemperatur. Die Methode ist besonders nützlich bei chronischen Schmerzen und stressbedingten Erkrankungen.

Kognitive Verhaltenstherapie

Diese Form der Psychotherapie zielt auf die Veränderung negativer Denkmuster und Verhaltensweisen ab. Studien zufolge leiden über 50 Prozent aller Patienten, die über körperliche Symptome klagen, denen anscheinend keine physische Ursache zugrunde liegt, dennoch an psychischen Symptomen wie Angst oder Depressionen. Diese Symptome wurden durch negative Gefühle und Verhaltensmuster noch verstärkt. Für diese Patienten stellt die Kognitive Verhaltenstherapie eine lohnende Alternative zu Medikamenten dar. Zur Therapie gehören Entspannungsübungen, Übungen zur Umstrukturierung der Gedanken und Rollenspiele.

Hypnotherapie

Die moderne Hypnotherapie – eine Form der Psychotherapie, die mit Hypnose arbeitet – basiert auf den Forschungen des österreichischen Arztes Franz Anton Mesmer. Die Patienten werden in einen veränderten Bewusstseinszustand, in Trance, versetzt, in dem sie empfänglich für Suggestion sind. Etwa 90 Prozent aller Menschen kann man in Hypnose versetzen.

Die Hypnotherapie wirkt besonders gut bei Angstzuständen und akuten Schmerzen. Manchmal lässt sich mit ihr auch die Einnahme von Medikamenten reduzieren.

Imagination und Visualisierung

Die Technik der Imagination und Visualisierung stellt einen Gedankenfluss dar, an dem ein oder mehrere Sinne beteiligt sind. Sie wird erfolgreich beispielsweise beim autogenen Training, beim Biofeedback und bei der Hypnose eingesetzt. Zudem wird sie zur Vorbereitung medizinischer Verfahren sowie zur Schmerzlinderung und Beruhigung angewendet. Manchmal lässt sich durch Visualisierungstechniken die Einnahme von Medikamenten reduzieren. Bewährt haben sie sich bei chronischen arthritisbedingten Schmerzen, zur Muskelentspannung und zur Minderung des Schmerzempfindens.

Die Visualisierung dient der Lösung emotionaler und körperlicher Probleme. Der Patient stellt sich entweder alleine oder mithilfe eines Therapeuten positive Bilder und gewünschte Ergebnisse vor.

Visualisierung wird bei zahlreichen Entspannungstechniken eingesetzt, manchmal ergänzt sie sogar die konventionelle Krebstherapie. Sie kann Angstzustände auflösen, Schmerzen lindern und stressbedingte Symptome reduzieren.

Die der Imagination und Visualisierung zugrunde liegenden Mechanismen sind zwar noch nicht vollständig erforscht, doch nimmt man an, dass die Vorstellungskraft bestimmte geistige Prozesse beeinflusst, die es dem Patienten wiederum erleichtern, mit verschiedenen Dysfunktionen umzugehen.

Progressive Muskelrelaxation

Entspannung gilt als gemeinsamer Nenner aller schmerzlindernden Therapien und als wichtige Voraussetzung, um Heilung in Gang zu setzen.

Eine der effektivsten und am weitesten verbreiteten Entspannungstechniken ist die Progressive Muskelrelaxation, die der amerikanische Physiologe Dr. Edmund Jacobson in den 1930er-Jahren entwickelte. Seine Methode geht auf eine jahrtausendealte Yogapraxis namens Savasana zurück.

Bei der Progressiven Muskelrelaxation werden bewusst bestimmte Muskelgruppen angespannt und anschließend bewusst wieder entspannt, damit der Unterschied zwischen An- und Entspannung spürbar wird. Auf diese Weise wird der gesamte Körper Schritt für Schritt in die Tiefenentspannung geführt.

Durch die Übungen werden Reflexe des sympathischen Nervensystems gedämmt, wie sie z. B. bei der Entscheidung »Angriff oder Flucht« auftreten. Im Gegenzug wird die Aktivität des Parasympathikus gesteigert – Ruhe kehrt ein. Die Methode eignet sich hervorragend zur Schmerzlinderung und zur Ergänzung konventioneller Therapien.

Relaxation Response

Auch bei dieser Entspannungstechnik soll dem mit Stress einhergehenden »Angriff-oder-Flucht-Reflex« entgegengewirkt werden: Senkung der Sympathikusaktivität, Steigerung der Aktivität des parasympathischen Nervensystems. Damit wird auch die Angst gemindert, die oft eine Begleiterscheinung des Schmerzes ist. Der Relaxationsreflex ruht auf vier Säulen:

Bequeme Lage des Körpers, in der der Patient für fünf bis 20 Minuten still liegen oder sitzen kann

Ruhiger Übungsort, an dem der Patient nicht gestört wird

Langsame und gleichmäßige Atmung

Wiederholung eines Wortes oder einer Phrase mit jedem Ausatmen, um die Konzentration zu halten

Atemübungen

Atmung und Gefühlslage sind untrennbar miteinander verbunden. Sind wir beispielsweise ängstlich, atmen wir schneller; verspüren wir Schmerzen, atmen wir flach und unregelmäßig.

Man kann jedoch auf die Gefühlslage Einfluss nehmen, indem man das Atemmuster willkürlich verändert. Durch die bewusste Kontrolle der Atmung kann man die Effektivität jeder Behandlung, die der Stressbewältigung oder Schmerzlinderung dient, steigern.

Atemübungen sind Bestandteil zahlreicher Entspannungstechniken. Oft werden sie mit der Methode der Imagination und Visualisierung kombiniert.

T'ai Chi Ch'uan

Diese ursprünglich zur Verteidigung gedachte chinesische Kampfkunst besteht aus einer Reihe langsamer, eleganter Bewegungen und Atemtechniken, die den Fluss der Lebensenergie Chi und damit die Selbstheilungskräfte des Körpers anregen soll. Darüber hinaus verbessert sie die Funktionstüchtigkeit von Muskeln und Knochengerüst.

T'ai Chi entspannt die Muskeln und das Nervensystem, verbessert die Haltung und Beweglichkeit und mindert Stresssymptome. Zudem trainiert die Methode das Gleichgewichtsgefühl, was vor allem für ältere Menschen von Bedeutung ist, da dies das Risiko von Stürzen und Verletzungen senkt. Auch zur Schmerztherapie bei Morbus Bechterew (siehe S. 122f.) hat sich T'ai Chi bewährt.

Yoga

Dieses jahrhundertealte Übungssystem zielt auf die Gesunderhaltung von Körper, Geist und Seele ab, und zwar sowohl zur Vorbeugung als auch zur Behandlung. Millionen von Menschen auf der ganzen Welt praktizieren Yoga; die Übungen dienen einerseits der Dehnung und andererseits der Kräftigung. Darüber hinaus beinhalten sie Atemübungen sowie Übungen zur Balance, Koordination, Meditation und Entspannung. Mittlerweile gehört Yoga zu vielen Stressbewältigungsprogrammen, zur Gesundheitsvorsorge sowie zu Geburtsvorbereitungskursen einfach dazu.

Yoga eignet sich hervorragend zur Unterstützung einer Schmerztherapie; die Methode schult das Gleichgewichtsgefühl, die Koordination und die Entspannungsfähigkeit und fördert die Heilung.

Medikamente

Die Anzahl schmerzstillender Medikamente ist beinahe unüberschaubar. Angewendet werden sie auf unterschiedliche Art und Weise: Man kann sie schlucken (orale Einnahme), als Zäpfchen einführen (rektale Anwendung), unter der Zunge platzieren (sublinguale Einnahme), inhalieren oder spritzen. Einige Medikamente werden auch direkt in den Wirbelkanal oder um einen Nerv gespritzt, um den Nerv zu blockieren.

Nichtopioide Analgetika

Zur Gruppe der nichtopioiden Analgetika – Schmerzmittel – zählen u. a. Aspirin®, nicht-steroidale Entzündungshemmer und Paracetamol®; Letzteres stillt zwar auch Schmerzen, hat aber nicht die entzündungshemmenden Eigenschaften von Aspirin®. Außer Paracetamol® wirken die Medikamente überwiegend auf der Ebene des peripheren Nervensystems, wo sie ihre entzündungshemmende Funktion ausüben.

Hauptnebenwirkung nicht-steroidaler Entzündungshemmer sind Magenbeschwerden bis hin zum Magengeschwür. Aspirin® fördert zudem die Fließeigenschaften des Blutes.

Narkoanalgetika (Opioide)

Narkoanalgetika sind chemisch mit Morphium verwandt, das aus Mohnsamen gewonnen oder sythetisch im Labor hergestellt wird. Sie kommen bei mäßigen bis starken Schmerzen zum Einsatz und wirken überwiegend auf der Ebene des zentralen Nervensystems. Neben Morphium selbst gehören auch Pethidin (Meperidin) und Kodein zu dieser Gruppe.

Zu den unangenehmsten Nebenwirkungen dieser Medikamente zählen Verstopfung, Übelkeit und eine verminderte Reaktionsfähigkeit.

Begleitende Analgetika

Begleitende Analgetika sind Medikamente, die eigentlich zur Behandlung spezifischer Krankheiten eingesetzt werden, aber dennoch eine schmerzstillende Wirkung haben. Zu ihnen gehören beispielsweise krampflösende Medikamente wie Phenytoin, Antidepressiva wie Amitriptylin – die sich bei chronischen Schmerzen im unteren Rücken gut bewährt haben – und Muskelrelaxanzien wie Zyklobenzaprin. Sie können alleine oder in Kombination mit anderen Medikamenten angewendet werden.

Nervenblockaden

Bei einer Nervenblockade wird ein Lokalanästhetikum um eine Nervenwurzel an der Austrittsstelle des Nervs aus dem Wirbelkanal gespritzt. Dies unterbricht die Nervenleitung in dem Gebiet, das von dem entsprechenden Nerv versorgt wird, und senkt die Schmerzwahrnehmung.

Manchmal gibt man dem Lokalanästhetikum noch ein Steroid bei, das entzündungshemmend und abschwellend wirkt und den natürlichen Heilungsprozess fördert. Meist wird die Prozedur in drei Etappen vorgenommen und per Röntgenuntersuchung überwacht, um sicherzustellen, dass die Nadel korrekt platziert ist. Am häufigsten wird an Hals- und Lendenwirbelsäule gespritzt.

Angewendet werden Nervenblockaden meist bei Verengung des Wirbelkanals (siehe S. 116f.), sie haben sich aber auch in anderen Fällen von Schmerzen im unteren Rücken als nützlich erwiesen, insbesondere wenn der Schmerz in die Beine ausstrahlt.

Chemonukleolyse

Die Chemonukleolyse bietet sich als Alternative zu einer Bandscheiben-OP für Patienten zwischen 18 und 50 Jahren an. Dabei wird ein Enzym – das aus der Papaya gewonnene Chymopapain – in die Bandscheibe gespritzt, um ihren Gallertkern (Nucleus pulposus, siehe S. 12) aufzulösen, den Vorfall zu mindern und den Druck vom Nerv zu nehmen.

Die Chemonukleolyse bietet sich vor allem in den folgenden Fällen an:

Bei Schmerzen im Bein, die denen einer Ischialgie ähneln

Bei Schmerzen, die beim geraden Anheben des Beins entstehen

Beim Versagen konservativerer Behandlungen

Bei dem Wunsch, eine Operation zu vermeiden

Achtung!
Patienten, die eine Chemonukleolyse in Betracht ziehen, sollten sich vorher auf eine mögliche Papaya-Allergie testen lassen. Schwangeren Frauen sowie Patienten mit einem Wirbeltumor oder einer neurologischen Erkrankung wie Multipler Sklerose kann die Chemonukleolyse nicht empfohlen werden.

Kombinierte Therapien

Medikamente erweisen sich oft als wesentlich effizienter, wenn sie mit anderen Therapien kombiniert werden, beispielsweise einer Massage, der Progressiven Muskelrelaxation nach Jacobson oder mit Visualisierungstechniken. Durch den Einsatz derartiger psychosomatischer Therapien kann die Dosis der Medikamente möglicherweise reduziert werden.

Chirurgische Eingriffe

Schätzungen zufolge profitieren nur etwa zwei bis fünf Prozent aller Patienten mit Rückenschmerzen und verwandten Symptomen von einem chirurgischen Eingriff. Leider kann keine Rückenoperation das gewünschte Ergebnis garantieren. Dennoch haben sich entsprechende Eingriffe in manchen Fällen als ausgesprochen hilfreich erwiesen. Bessere Ergebnisse werden auf jeden Fall bei Patienten erzielt, die nicht rauchen und kein Übergewicht haben.

Chirurgische Eingriffe bei Rückenschmerzen werden zum einen zur Druckentlastung durchgeführt. Der Druck verursacht Symptome wie Schmerzen, Taubheit und Schwäche in Rücken und Beinen. Bei der Diskektomie – der Entfernung von Bandscheiben –, der Mikrodiskektomie und der Dekompression geht es hauptsächlich um dieses Ziel einer Operation.

Ein weiteres Ziel ist die Stabilisierung, um die es bei der Methode der Dekompression mit Fusion – der Verschmelzung zweier Wirbel – geht. Dabei kommen in der Regel Knochentransplantate sowie Platten und Schrauben zum Einsatz. Diese Art der Operation wird bei Knochenbrüchen oder degenerativen Erscheinungen durchgeführt.

Eine dritte Option ist die Kräftigung mittels der Injektion von Knochenzement – die sogenannte Vertebroplastie. Sie stärkt die Knochen, lindert Schmerzen und verbessert die Beweglichkeit. Angewendet wird sie z. B. bei Osteoporose.

Eine vierte Möglichkeit schließlich ist die Streckung bei Deformierung der Wirbelsäule, wie sie z. B. nach einer Skoliose im Kindesalter oder bei degenerativen Veränderungen im Erwachsenenalter auftreten kann. Ein Beispiel einer solchen Operation ist die Kyphoplastie (siehe dazu auch Kyphose, S. 127f.).

Diskektomie

Bei dieser Operation wird der Gallertkern der Bandscheibe, der Nucleus pulposus, entfernt bzw. beschädigtes Gewebe an der Bandscheibe wird mittels Laser zerstört. Eine Diskektomie wird bei Patienten mit Bandscheibenvorfällen angewendet, die mit anhaltenden und ernsthaften Symptomen – z. B. einer Lähmung – einhergehen.

Mikrodiskektomie

Die derzeit vermutlich erfolgreichste Methode einer Bandscheibenoperation besteht in dem Einsatz mikrochirurgischer Instrumente zur Entfernung kleinster Fragmente der beschädigten Bandscheibe. Dabei wird so viel körpereigenes Material wie möglich erhalten, was die Regenerationszeit entsprechend verkürzt. Doch obwohl die OP den Nerv vom Druck befreit und die allgemeine Funktionstüchtigkeit verbessert, werden die Schmerzen dadurch nicht vollständig beseitigt.

Dekompression

Diese Operation ist das Standardverfahren bei Wirbelkanalverengung (siehe S. 116f.). Früher wurde ein Großteil des Knochens um die betroffene Nervenwurzel herum entfernt, was manchmal zu Instabilität und wiederum chronischen Schmerzen im unteren Rücken führte. Heute hat man einen Weg gefunden, weniger Knochenmaterial zu entfernen. In manchen Fällen werden Bänder gleich mit herausoperiert, bei denen sich bei der Röntgenaufnahme herausgestellt hat, dass sie ebenfalls auf den Nerv drücken.

Obwohl eine Dekompression Schmerzen lindern und die Beweglichkeit verbessern kann, ist sie nicht immer konventionelleren Behandlungen wie Haltungskorrekturen, einer Gewichtsabnahme oder entzündungshemmenden Medikamenten überlegen.

Dekompression mit Fusion

Dieser Eingriff wird normalerweise bei Wirbelgleiten (Spondylolisthesis; siehe S. 124), verbunden mit einer Wirbelkanalverengung, vorgenommen. Er kombiniert die Dekompression mit einer Fusion (Arthrodese), bei der ein Knochentransplantat eingesetzt wird, um den Wirbel zu verstärken. Manchmal kommen zusätzlich auch Metallplatten und Schrauben zum Einsatz.

Vertebroplastie

Die Vertebroplastie wird bei Wirbelbrüchen durchgeführt, die durch zu viel Druck entstanden sind, sogenannte Kompressionsbrüche; sie kräftigt die Knochen, lindert den Schmerz und verbessert die Beweglichkeit.

Kyphoplastie

Dieser chirurgische Eingriff wird zur Schmerzlinderung sowie bei Kompressionsbrüchen und Deformierungen der Wirbelsäule vorgenommen. Bei der Operation wird mithilfe einer Röntgenkontrolle ein aufblasbarer Ballon in den Wirbelkörper eingebracht. Mit dem Ballon wird der Wirbel wieder zu seiner ursprünglichen Form »aufgeblasen«; anschließend wird Knochenzement in den Wirbelkörper gespritzt, um die Form zu erhalten.

Die Haltung macht's!

Unter Haltung versteht man im Allgemeinen die Positionierung eines Körpers im Raum – und zwar nicht nur beim Sitzen und Stehen, sondern auch beim Gehen, Knien und Liegen. Die Haltung hat einen maßgeblichen Einfluss auf unser Wohlbefinden und unsere Gesundheit, weil sie entscheidet, wie viel Druck auf Knochen, Gelenken, Muskeln, Sehnen, Bändern und Bandscheiben lastet.

Eine gute Haltung reduziert den Druck auf ein Minimum und lenkt ihn dorthin, wo er am besten ausgehalten wird. Meist liegt jeder körperlichen Beschwerde eine schlechte Haltung zugrunde, auch wenn es sich dabei um eine Verletzung, Überlastung oder degenerative Veränderung handelt.

Bewegungen im Alltag

Die Art und Weise, wie wir unseren Körper im Alltag bewegen, bezeichnet man im Allgemeinen als Körpermechanik. Der menschliche Körper ist zwar stark und widerstandsfähig, nichtsdestotrotz jedoch empfindlich. Setzt man ihn zu großen Belastungen aus, sind Verletzungen, Erkrankungen und Schmerzen die unweigerliche Folge. Dies gilt besonders für die Wirbelsäule. Die richtigen Bewegungen im Alltag sind deshalb eine kluge Vorbeugung gegen Rückenschmerzen.

Sitzen

Beim Sitzen lastet auf der Wirbelsäule ein doppelt so großer Druck wie beim Stehen. Wer viel sitzt, ist deshalb anfälliger für Rückenschmerzen und die damit verbundenen Erkrankungen. Die folgenden Tipps helfen Ihnen dabei, den Druck auf die Wirbelsäule beim Sitzen zu minimieren:

Sitzen Sie aufrecht. Der Scheitelpunkt des Kopfes sollte der oberste Punkt sein; beugen Sie sich also nicht unnötig nach vorn.

Sitzen Sie auf den Sitzhöckern. Die Sitzhöcker sind die Knochen am unteren Ende des Pos. Das Steißbein sollten Sie so weit wie möglich entlasten.

Sitzen Sie auf dem richtigen Stuhl. Der richtige Stuhl stützt Sie optimal und hat idealerweise eine eingebaute Rückenstütze. Falls nicht, können Sie ersatzweise auch ein kleines Kissen oder ein zusammengerolltes Handtuch verwenden. Die Oberschenkel sind parallel zum Boden, die Beine werden nicht übereinandergeschlagen und die Füße stehen flach auf dem Boden.

Sitzen Sie mit entspannten Schultern. Dies entlastet die Wirbelsäule zusätzlich.

Stehen Sie ab und zu auf. Dies verhindert, dass Sie sich verspannen. Führen Sie gelegentlich auch sanfte Dehnübungen durch.

Auto fahren

Ob Sie nun im Büro am Schreibtisch oder im Auto sitzen – wie Sie sitzen, hat maßgeblichen Einfluss auf die Gesundheit Ihres Rückens. Hier einige Tipps für Vielfahrer:

Stellen Sie den Sitz auf Ihre Größe ein. Die Knie sollten beim Autofahren immer leicht gebeugt, die Beine nie ganz gestreckt sein.

Nutzen Sie die ganze Sitzfläche. Sie sollten so weit hinten wie möglich sitzen und das Lenkrad sicher, aber entspannt halten. Sitzen Sie aufrecht, aber nicht steif. Entspannen Sie Ihre Kieferknochen und atmen Sie tief und gleichmäßig.

Wählen Sie einen Sitz mit Nacken- und Rückenstütze. Ersatzweise hilft wieder ein kleines Kissen.

Schnallen Sie sich an. Das rettet bei einem Unfall nicht nur Ihr Leben, sondern gibt Ihrem Körper auch Halt.

Machen Sie regelmäßig Pausen. Insbesondere auf langen Strecken sollten Sie in regelmäßigen Abständen aus dem Auto steigen und sanfte Dehnübungen machen.

Gehen

Zur Kräftigung der unterschiedlichsten Körperpartien und für eine effiziente Atmung ist Gehen zweifelsohne eine der besten Alltagsaktivitäten. Wenn Sie die folgenden Tipps beherzigen, ziehen Sie noch mehr Vorteile daraus:

Stellen Sie sich zunächst einmal richtig hin. Hinweise dazu finden Sie auf Seite 55.

Entspannen Sie die Kiefermuskulatur. Lassen Sie den Atem im Einklang mit Ihrem Schrittrhythmus kommen und gehen.

Lassen Sie die Arme locker mitschwingen. Das sorgt gleichzeitig für einen entspannten Schultergürtel.

Strecken Sie das Kinn nicht nach vorn. Der Kopf sollte auch beim Gehen immer aufrecht sein.

Liegen

Im Liegen kann sich Ihre Wirbelsäule ideal von den Belastungen des Alltags erholen. Nun sind auch Ihre Bandscheiben nicht mehr einem so hohen Druck ausgesetzt.

Liegen Sie auf der Seite oder auf dem Rücken. Falls Sie die Bauchlage bevorzugen, sollten Sie ein flaches Kissen unter Ihrem Bauch und wenn möglich auch unter Ihren Füßen platzieren. So fallen Sie nicht ins Hohlkreuz.

Benutzen Sie auch in der Rückenlage ein Kissen. Legen Sie sich dieses unter die Knie, um den Rücken zusätzlich zu entlasten. Wählen Sie außerdem ein für Sie geeignetes Kopfkissen, möglicherweise ein Nackenstützkissen.

Lehnen Sie in der Rückenlage die Knie aneinander. Die Füße sind flach auf die Unterlage aufgestellt.

Legen Sie sich ab und zu entspannt auf den Boden. Der Rücken liegt auf einer Matte auf dem Teppich, die Füße ruhen auf einem gepolsterten Stuhl. So ergibt sich ein 90-Grad-Winkel zwischen Becken und Oberschenkeln und zwischen Ober- und Unterschenkeln. Legen Sie sich ein Kissen unter den Kopf.

Winkeln Sie in der Seitenlage die Beine an. Ein Kissen stützt den Kopf, ein zweites liegt zwischen den Beinen. Das entspannt den Rücken, und durch das Kissen zwischen den Beinen werden die Gelenke gepolstert.

Sicher aufstehen

Wenn Sie aus der Rückenlage aufstehen, sollten Sie nicht einfach nur den Oberkörper anheben. Ein sicheres Aufstehen ermöglichen die folgenden Tipps:

Rollen Sie sich auf eine Seite. Beugen Sie die Knie und ziehen Sie sie zum Körper heran.

Stützen Sie sich auf die Hüfte. Sie kommen jetzt langsam in eine aufrechte Position.

Drehen Sie sich nun langsam. Am Ende der Bewegung sollten Sie sicher auf dem Po sitzen.

Atmen Sie einige Male ruhig ein und aus. Stehen Sie dann langsam auf.

Gleichen Sie Ihre Bewegungen Ihrem Atemrhythmus an. Atmen Sie ruhig und gleichmäßig.

Bücken und Heben

Im Folgenden finden Sie sechs einfache Regeln, mit denen Sie Rückenschmerzen beim Bücken und Heben selbst einigermaßen schwerer Gegenstände vermeiden können:

Stellen Sie sich nah an den Gegenstand, den Sie heben wollen. Die Füße stellen Sie in bequemem Abstand zueinander auf, damit Sie das Gleichgewicht gut halten können.

Halten Sie Kopf und Rumpf aufrecht.

Stellen Sie die Füße leicht hintereinander auf und bewegen Sie sich nach unten, indem Sie die Knie beugen. Achten Sie auf eine gerade Haltung.

Winkeln Sie die Arme leicht im Ellbogen an; die Handgelenke bleiben gerade. Fassen Sie den Gegenstand und halten Sie ihn nah an der Körpermitte.

Spannen Sie die Bauchmuskeln an und ziehen Sie das Kinn leicht zur Brust; die Kraft für das Heben des Gegenstands kommt aus den Beinen, nicht aus dem Rücken.

Strecken Sie die Beine und heben Sie den Gegenstand im Einklang mit Ihrem Atemrhythmus an. Bleiben Sie gerade und vermeiden Sie Ausweichbewegungen.

Hausarbeit

Um das Risiko von Rückenschmerzen bei der Hausarbeit zu minimieren, sollten Sie den Grundsatz »teile und herrsche« beherzigen.

Teilen Sie sich die Hausarbeit ein. Sie müssen nicht alles auf einmal erledigen.

Machen Sie immer wieder Pausen, in denen Sie sanfte Dehnübungen durchführen (siehe S. 62–70).

Bitten Sie Freunde oder Familienmitglieder um Hilfe bei den körperlich anstrengenderen Arbeiten.

Achten Sie bei jeder Art von Hausarbeit stets auf Ihre Haltung.

Vermeiden Sie plötzliche Drehbewegungen, wie sie beispielsweise beim Ausräumen der Waschmaschine vorkommen können. Anstatt nur den Oberkörper zu drehen, sollten Sie die Füße anders aufstellen und den ganzen Körper bewegen.

Machen Sie nicht zwei Dinge gleichzeitig, beispielsweise etwas anheben und sich dabei drehen.

Stehen Sie nicht wie angewurzelt da, dies belastet Nacken- und Rückenmuskulatur enorm. Stellen Sie Ihren Fuß z. B. auf einen kleinen Hocker und verlagern Sie von Zeit zu Zeit Ihr Gewicht.

Arbeiten Sie nur stehend an einem Tisch, Bügelbrett o. Ä., wenn Sie sich dabei nicht bücken müssen. Stehen Sie aufrecht, die Ellbogen sind bequem gebeugt. Mittlerweile gibt es auch sogenannte Stehhilfen zu kaufen, an die Sie sich anlehnen können, um den Rücken zu entlasten.

Lehnen Sie sich im Sitzen – z. B. beim Essen oder Schreiben – nicht nach vorn, dabei leiden Nacken, Schultern und Rücken. Rücken Sie den Stuhl bequem nah an den Tisch.

Reinigen Sie die Badewanne nie im Stehen, sondern gehen Sie in die Knie oder in die Hocke, damit Sie sich nicht so weit hinunterbeugen müssen.

Teilen Sie die Dinge, die Sie tragen müssen, in mehrere Portionen auf. Gehen Sie lieber mehrmals, anstatt z. B. einen schweren Wäschekorb die Kellertreppe hinauf- oder hinunterzuschleppen.

Versuchen Sie es beim Staubsaugen oder Wischen doch einmal mit der »Ausholmethode«: Halten Sie den Rumpf aufrecht und überlassen Sie die Arbeit den Armen und Beinen. Achten Sie darauf, dass Staubsaugerschlauch und Besen so lang sind, dass Sie sich nicht bücken müssen.

Knien Sie sich hin, um das Bettlaken unter die Matratze einzuschlagen. Stellen Sie sicher, dass Sie von allen Seiten gut an das Bett herankommen, damit Sie sich nicht zu entlegeneren Winkeln beugen müssen.

Am Arbeitsplatz

Längeres Sitzen am Schreibtisch fordert vom Rücken unweigerlich seinen Tribut. Das Risiko von Rückenschmerzen und -erkrankungen erhöht sich noch, wenn Stuhl und Schreibtisch einer ergonomischen Haltung entgegenwirken. Sie können jedoch maßgeblich dazu beitragen, dass auch bei der Arbeit so wenig Druck wie möglich auf Ihrer Wirbelsäule lastet.

Stellen Sie die Möbel so, dass Sie an alles, was Sie oft brauchen, herankommen, ohne sich dabei allzu sehr bücken, drehen oder strecken zu müssen.

Stellen Sie die Höhe Ihres Sitzes so ein, dass Ihre Füße flach auf dem Boden stehen, Ihre Unterschenkel möglichst senkrecht ausgerichtet sind und Ihre Oberschenkel weitestgehend auf der Sitzfläche aufliegen.

Wählen Sie einen Schreibtischstuhl mit eingebauten Stützen für Schultern und unteren Rücken.

Vermeiden Sie es, Ihre Beine übereinanderzuschlagen, da so Ihr Becken nach vorn kippt und Sie automatisch einen Rundrücken machen.

Stellen Sie den Monitor Ihres Computers so auf, dass Sie nicht nach unten sehen müssen; die Blickrichtung sollte geradeaus sein. Dies entlastet den Nacken und die Muskulatur des oberen Rückens.

Legen Sie die Tastatur so auf den Schreibtisch, dass Sie Ihre Oberarme entspannt neben dem Körper halten können und Ihre Unterarme, Handgelenke und Hände eine Linie bilden.

Klemmen Sie sich den Telefonhörer nicht zwischen Schulter und Ohr, um die Hände frei zu haben. Dies belastet die Nackenmuskulatur. Wenn Sie öfter telefonieren und gleichzeitig schreiben müssen, sollten Sie sich ein Headset anschaffen.

Stehen Sie immer wieder einmal vom Schreibtisch auf und führen Sie sanfte Dehnübungen durch, etwa die Nackendehnung oder das Schulterkreisen (siehe S. 62–65).

Schieben und Ziehen

Schieben Sie lieber anstatt zu ziehen, wenn Sie schwere Gegenstände wie Möbel oder Rollwagen bewegen müssen. Um den Druck dabei noch zu reduzieren, sollten Sie Folgendes beachten:

Beugen Sie die Knie leicht, strecken Sie die Beine nicht durch.

Halten Sie Kopf, Nacken und Rücken möglichst in einer Linie.

Im Garten arbeiten

Anstatt aus dem Bett zu springen und im Garten schwere Arbeiten zu erledigen, sollten Sie Ihren Körper morgens zunächst einmal etwas aufwärmen (siehe S. 62ff.). Nachts saugt sich der Kern der Bandscheiben (siehe S. 12) mit Extraflüssigkeit voll, und die Bandscheiben schwellen etwas an. Dies wird normalerweise durch den Druck, den die Wirbel tagsüber auf die Bandscheiben ausüben, ausgeglichen. Morgens sind die Bandscheiben jedoch noch verletzungsanfälliger und sollten geschont werden – im Garten wie im Haus.

Knien oder hocken Sie sich so oft wie möglich hin, wenn Sie Keimlinge setzen oder Unkraut zupfen, anstatt sich von der Taille aus nach unten zu beugen.

Wechseln Sie die Tätigkeiten öfter, anstatt stundenlang dieselbe Arbeit auszuführen. Beschneiden Sie beispielsweise die Pflanzen oder rechen Sie Laub zusammen, nachdem Sie umgegraben haben.

Vermeiden Sie es, sich allzu sehr zu strecken, um beispielsweise an höher gelegene Äste heranzukommen, da dies Nacken und Rücken unnötig belastet.

Halten Sie die allgemeinen Regeln für gesundes Bücken und Heben ein (siehe S. 47).

Machen Sie öfter Pausen und führen Sie sanfte Dehnübungen durch, um Verspannungen und Erschöpfung zu vermeiden.

Bei der Körperpflege

Wenn Sie es eilig haben, zur Arbeit oder zu einer Verabredung zu gelangen, ist Ihr Rücken einem besonders hohen Verletzungsrisiko ausgesetzt. Um Unfälle auch bei der täglichen Körperpflege zu vermeiden, sollten Sie die folgenden Tipps beherzigen:

Waschen Sie Ihr Haar nie im Waschbecken oder über die Badewanne gebeugt.

Trocknen Sie Ihre Füße im Sitzen ab oder stellen Sie einen Fuß nach dem anderen auf den (trockenen!) Badewannenrand.

Stehen Sie aufrecht bzw. setzen Sie sich aufrecht hin, um sich zu rasieren oder Make-up aufzulegen. Stellen Sie den Spiegel so ein, dass Sie bequem hineinschauen können.

Tragen

Das unergonomische Tragen von Gegenständen stört die Symmetrie und Balance des Körpers und setzt die Wirbelsäule einer unnötigen Belastung aus. Mit den folgenden Tipps minimieren Sie das Risiko, Ihrem Rücken zu schaden:

Teilen Sie schwere Lasten in zwei oder mehr Ladungen, auch wenn Sie auf diese Weise öfter gehen müssen. Das hält Sie fit!

Halten Sie die Lasten immer nah am Körper.

Bitten Sie andere um Hilfe oder benutzen Sie einen Wagen oder eine Sackkarre.

Vermeiden Sie es, einen schweren Gegenstand wie z. B. eine Einkaufstasche nur auf einer Körperseite zu tragen. Teilen Sie den Inhalt der Tasche auf zwei Tüten auf und tragen Sie je eine in jeder Hand.

Stehen

Selbst beim korrekten Stehen sind die Bandscheiben Ihrer Lendenwirbelsäule einem enormen Druck ausgesetzt. Wenn Sie längeres Stehen nicht vermeiden können, sollten Sie wenn möglich einen Fuß etwas erhöht, z. B. auf einem kleinen Schemel, aufstellen. Außerdem:

Stehen Sie aufrecht. Der Scheitel Ihres Kopfes ist der höchste Punkt, die Schultern sind entspannt, und Ihr Körpergewicht ist auf beide Beine gleichmäßig verteilt.

Beugen Sie die Knie leicht. Die Beine sind nie ganz durchgestreckt, sondern immer etwas entspannt.

Sportliche Aktivitäten

Rückenschmerzen bedeuten nicht, dass Sie von nun an auf Sport verzichten müssten. Im Gegenteil! Dennoch sollten Sie sich vor jeder sportlichen Betätigung ausreichend aufwärmen und danach ein entsprechendes Cool-down-Programm durchführen. Versuchen Sie, sich eine gute Kondition zu bewahren. Sportverletzungen treten meist nicht aufgrund der sportlichen Aktivität, sondern deshalb auf, weil man zu lange pausiert und eine schlechte Kondition hat oder die Technik nicht beherrscht.

Schwimmen

Generell ist Schwimmen eine der besten Sportarten für Menschen mit Rückenbeschwerden. Seitenschwimmen eignet sich am besten, vorausgesetzt, Sie setzen beide Seiten ein. Kraulen, Schmetterling und Brustschwimmen sind weniger geeignet, da dabei der Rücken gebeugt wird, was die Beschwerden verstärken kann. Probieren Sie es auch mit Rückenschwimmen: Wenn Sie den unteren Rücken nicht zu sehr durchdrücken, eignet es sich möglicherweise auch. Führen Sie vor dem Schwimmen ein kleines Aufwärmprogramm zum Dehnen und Kräftigen durch.

Rückschlagspiele

Tennis und ähnliche Rückschlagspiele erfordern flexible Bein- und Hüftgelenke. Durch die meist plötzlichen Schraubbewegungen sind Wirbel- und Iliosakralgelenke einer recht hohen Belastung ausgesetzt. Das Durchschwingen und die asymmetrische Tätigkeit des Oberkörpers können zu Rückenverletzungen führen.

Tennisspieler sollten auf jeden Fall ihre Beweglichkeit – vor allem die des Oberkörpers – schulen und vor sowie nach dem Spiel Dehnübungen durchführen. Anfänger sollten sich die Technik von einem Trainer beibringen lassen. Heben Sie den Ball außerdem immer in der Hocke, nicht vornübergebeugt auf.

Jogging

Das A und O beim Joggen sind gute Laufschuhe. Meiden Sie einen harten Laufuntergrund, da Ihre Bandscheiben dort als stark beanspruchte Stoßdämpfer fungieren. Übergewicht erhöht das Risiko einer Rückenverletzung naturgemäß. Wärmen Sie sich vor dem Laufen immer gut auf, achten Sie auf einen guten Laufstil und führen Sie nach dem Laufen ein Cool-down-Programm durch.

Ski alpin

Wer mit Freude Ski alpin fahren will, braucht viel Kraft und Beweglichkeit. Unbewegliche Bein-, Hüft-, Schulter- und Wirbelgelenke erhöhen das Risiko einer Rückenverletzung. Warm-up- und Cool-down-Übungen sind ebenfalls ein Muss.

Golf

Ebenso wie Rückschlagspiele belastet auch Golf durch die asymmetrischen Schraubbewegungen des Körpers die Wirbelsäule nicht unerheblich. Mit den folgenden Tipps können Sie die Belastung minimieren:

Halten Sie sich durch regelmäßige Kräftigungs- und Beweglichkeitsübungen fit.

Wärmen Sie sich vor dem Spiel immer gut auf und führen Sie danach ein Cool-down-Programm durch.

Tragen Sie passende Schuhe, die Ihrem Fuß den nötigen Halt geben.

Nehmen Sie als Anfänger Unterricht bei einem Trainer, um die richtige Technik zu erlernen.

Allgemeine Tipps

Eine gute Allgemeinfitness ist der Schlüssel zu einer rückenschonenden Haltung. Doch durch Sport alleine können Sie Ihre Haltung nicht verbessern; ebenso wichtig ist es, im Alltag bestimmte Haltungs- und Bewegungsregeln zu beachten. »Elegant, aber nicht steif« – so sollte Ihr Motto in puncto Haltung lauten. Wenn Sie Ihren Körper funktionsgerecht bewegen, setzen Sie Wirbelsäule und Bandscheiben dem geringst-möglichen Druck aus. Dies verhindert auf lange Sicht gesehen Rückenschmerzen effektiver als eine sportliche Betätigung. Probieren Sie es aus – es lohnt sich!

Übungen für einen gesunden Rücken

Rückenübungen bieten zweifelsohne die wertvollste Unterstützung für jede Art von schmerzlindernder Therapie. Schmerzen an Muskeln und Knochengerüst entstehen auch deshalb, weil diese Strukturen nicht ausreichend trainiert und gekräftigt sind. Das können Sie mit einem regelmäßigen Übungsprogramm ändern.

Warum üben?

Rückenübungen haben viele Vorteile. Sie erhalten nicht nur den Rücken gesund, sie lindern auch Schmerzen bei bereits bestehenden Rückenbeschwerden. Sie können sogar dabei helfen, Rückenerkrankungen zu heilen – und tragen darüber hinaus zur Stressbewältigung bei.

Die Vorteile des Rückentrainings

Erhöhung des Endorphinspiegels Ebenso wie bei der Akupunktur (siehe S. 31) oder der TENS (siehe S. 28) werden auch beim Rückentraining körpereigene schmerzstillende Substanzen ausgeschüttet.

Erhaltung der Gelenkgeschmeidigkeit Rückentraining regt die Produktion von Gelenkschmiere z. B. in den Facettengelenken an. So bleiben die Gelenke geschmeidig, und es kommt zu weniger Abnutzungserscheinungen.

Stärkung der Sehnen und Bänder Rückentraining erhöht die Spannung in Sehnen und Bändern, die belastbarer und widerstandsfähiger werden.

Kräftigung der Gelenke und Muskeln Stärkere Gelenke und Muskeln sind weniger anfällig für Verletzungen.

Senkung des Osteoporoserisikos Dies macht die Knochen weniger anfällig für Brüche.

Verbesserung der Koordination und des Gleichgewichtsgefühls Dies schützt vor Stürzen und damit einhergehenden Verletzungen.

Bevor Sie beginnen

Bevor Sie mit den Übungen in diesem Buch beginnen – oder eine andere sportliche Tätigkeit aufnehmen wollen –, sollten Sie sich mit Ihrem Arzt oder Physiotherapeuten darüber absprechen. Dies gilt vor allem dann, wenn Sie sich gerade von einer Verletzung oder einem chirurgischen Eingriff erholen, wenn Sie an Osteoporose oder einer anderen Erkrankung leiden, wenn Sie schwanger sind oder längere Zeit nicht mehr trainiert haben.

Wann, wo und wie

Am besten führen Sie die Übungen – zumindest einige von ihnen – täglich durch. Wir stellen Ihnen im Folgenden einige einfache Dehnübungen vor, die Sie auch dann in Ihren Alltag einbauen können, wenn Ihr Terminkalender aus allen Nähten platzt (siehe S. 61). Auf jeden Fall sollten Sie jeden zweiten Tag üben – nur mit Regelmäßigkeit können Sie die guten Ergebnisse der vorangegangenen Übungsstunde aufrechterhalten.

Trainieren Sie nicht direkt nach den Mahlzeiten, da dies Verdauungsbeschwerden verursachen könnte.

Schaffen Sie sich einen ausreichend großen Übungsraum. Der Boden sollte nicht rutschig sein.

Legen Sie Schmuck und andere Gegenstände ab, an denen Sie sich verletzen könnten.

Tragen Sie bequeme Kleidung, in der Sie sich bewegen und ungehindert atmen können.

Führen Sie die Übungen langsam und kontrolliert durch und achten Sie auf eine regelmäßige Atmung.

Achtung!

Beenden Sie das Training beim ersten Anzeichen eines Schmerzes. Vielleicht führen Sie die Bewegung falsch aus, oder die Übung eignet sich zum gegenwärtigen Zeitpunkt nicht für Sie.

Vermeiden Sie es, sich nach vorn zu beugen, wenn Sie an Osteoporose leiden, da die Wirbelknochen dann anfälliger für Kompressionsbrüche sind. Beraten Sie sich darüber mit Ihrem Arzt.

Führen Sie die Übungen in diesem Buch in den ersten drei Monaten der Schwangerschaft nicht aus, wenn Sie bereits eine Fehlgeburt hatten. Sprechen Sie sich mit Ihrem Arzt ab. Generell sollten schwangere Frauen Übungen in Bauchlage meiden. Nach den ersten drei Schwangerschaftsmonaten wiederum sollten Sie keine Übungen in Rückenlage durchführen. Diese Position kann die Blut- und Sauerstoffversorgung von Mutter und Kind über die untere Hohlvene beeinträchtigen.

Stretching

Zu den Hauptvorzügen des täglichen Stretchings gehören die Vorbeugung von Verletzungen und eine Verbesserung der Regenerationsfähigkeit. Wenn Sie ein regelmäßiges Dehnübungsprogramm durchführen, werden Ihre Wirbel- und andere Gelenke beweglicher. Darüber hinaus wird der Körper besser mit Nährstoffen versorgt, Stoffwechselabfallprodukte werden rascher entsorgt, und die Heilung wird gefördert.

Wann und wie

Führen Sie einige Dehnübungen täglich durch. Wiederholen Sie jede Übung etwa 3-mal.

Führen Sie die Dehnübungen langsam und kontrolliert durch und atmen Sie regelmäßig.

Halten Sie jede Position für etwa 5 bis 20 Sekunden, nie jedoch länger als 90 Sekunden.

Warm-up

Wie kurz Ihr Übungsprogramm auch immer sein mag: Sie sollten vorher auf jeden Fall ein kurzes Warm-up durchführen. Dadurch wird die Körpertemperatur leicht erhöht, der Kreislauf wird angeregt, Sie werden beweglicher. So vermeiden Sie Zerrungen bei den Hauptübungen oder wenn Sie eine andere Sportart oder anstrengende Tätigkeit betreiben.

Wann und wie

Wärmen Sie sich für mindestens 5 Minuten auf; wenn Sie anstrengendere Übungen durchführen wollen, auch länger.

Führen Sie das Warm-up langsam und kontrolliert durch; achten Sie auf eine gute Haltung und eine regelmäßige Atmung.

Einige im Folgenden vorgestellte Warm-up-Übungen können Sie problemlos in Ihren Alltag integrieren, um Verspannungen zu vermeiden. Machen Sie z. B. das Schulterkreisen (siehe unten) und die Nackendehnung (siehe S. 64f.) in Pausen am Schreibtisch.

Führen Sie die Übungen im Liegen auf einer Matte oder einer anderen geeigneten Unterlage durch.

Halten Sie die Position am Ende einer Übung. Wie lange Sie das können, hängt von Ihrem Trainingslevel und Ihrer allgemeinen Kondition ab, ebenso wie die Anzahl der Wiederholungen. Wenn Sie längere Zeit nicht trainiert haben oder sich gerade von einer Krankheit oder einer Operation erholen, sollten Sie zu Beginn nur wenige Wiederholungen durchführen. Besprechen Sie sich darüber mit Ihrem Arzt oder Physiotherapeuten.

Schulterkreisen

Wirkung

Erhöht die Wirkung der Nackendehnung

Kräftigt die Muskulatur des oberen Rückens

Hält die Schultergelenke beweglich

Beugt Verspannungen im oberen Rücken vor

Übungsabfolge

1 Setzen oder stellen Sie sich aufrecht hin. Entspannen Sie die Hände und den Kiefer und atmen Sie gleichmäßig ruhig.

2 Lassen Sie nun die Schultern langsam etwa 3-mal von hinten nach vorn kreisen.

3 Führen Sie das Schulterkreisen anschließend auch in die andere Richtung – von vorn nach hinten – durch.

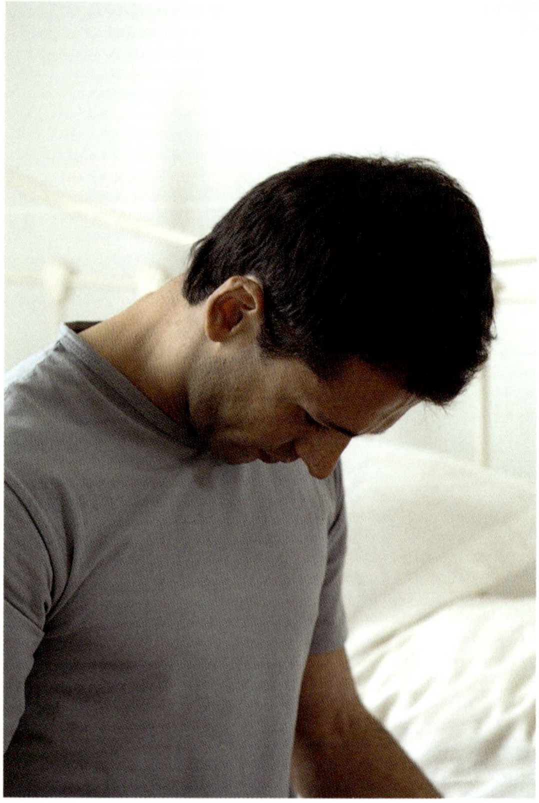

Nackendehnung

Wirkung

Hält die Halswirbelsäule flexibel und wirkt einer Versteifung in diesem Bereich entgegen

Hält den Kreislauf im Bereich der Wirbelsäule in Schwung

Beugt Verspannungen im Nackenbereich vor

Kräftigt die Nackenmuskulatur

Übungsabfolge

1 Setzen oder stellen Sie sich aufrecht hin. Entspannen Sie Schultern, Hände und Kiefer und atmen Sie gleichmäßig ruhig.

2 Drehen Sie nun den Kopf langsam und kontrolliert so weit wie möglich nach links. Die Bewegung sollte Ihnen noch angenehm sein und nicht ruckartig vorgenommen werden. Halten Sie die Position für 5 bis 20 Sekunden.

3 Drehen Sie nun den Kopf langsam und kontrolliert so weit wie möglich nach rechts. Halten Sie die Position für 5 bis 20 Sekunden. Wiederholen Sie die Schritte 2 und 3 mindestens 2-mal.

4 Legen Sie nun die Hände locker in den Nacken und beugen Sie langsam und kontrolliert den Kopf nach hinten. Halten Sie die Position für 5 bis 20 Sekunden.

5 Entspannen Sie die Hände und nehmen Sie das Kinn langsam und kontrolliert zur Brust. Halten Sie die Position für 5 bis 20 Sekunden.

6 Wiederholen Sie die Übungsschritte 4 und 5 mindestens 2-mal und kehren Sie anschließend zur Ausgangsposition (Schritt 1) zurück.

7 Ziehen Sie nun langsam und kontrolliert Ihr linkes Ohr zur linken Schulter, um die rechte Nackenseite zu dehnen. Halten Sie die Position für 5 bis 20 Sekunden. Wiederholen Sie die Übung anschließend zur anderen Seite.

8 Wiederholen Sie die seitliche Nackendehnung (Schritt 7) mindestens 2-mal und kehren Sie dann zur Ausgangsposition (Schritt 1) zurück. Am Ende der Übung stehen Sie wieder aufrecht, der Kopf ist nach vorn gerichtet.

Die folgenden Warm-up-Übungen gelten dem unteren Teil des Rückens, der Lendenwirbelsäule.

Beckenkippen

Wirkung

Kräftigt den unteren Rücken

Stärkt die Bauchmuskulatur

Hält die Wirbelsäule beweglich

Beugt der Versteifung der Wirbelsäule und leichteren Rückenschmerzen vor

Übungsabfolge

1 Setzen Sie sich aufrecht auf einen Stuhl oder lehnen Sie sich gerade an eine Wand. Entspannen Sie den Kiefer und atmen Sie gleichmäßig ruhig.

2 Kippen Sie nun beim Ausatmen das Becken nach vorn, d. h. drücken Sie den unteren Rücken gegen die Stuhllehne oder die Wand. Halten Sie die Position für die Dauer des Ausatmens.

3 Atmen Sie ein und lösen Sie die Spannung dabei. Das Becken ist nun wieder gerade. Wiederholen Sie die Übung anschließend mindestens 2-mal.

Variation Beckenkippen

Wirkung

Kräftigt den unteren Rücken

Stärkt die Bauchmuskulatur

Hält die Wirbelsäule beweglich

Beugt der Versteifung der Wirbelsäule und leichteren Rückenschmerzen vor

Übungsabfolge

1 Legen Sie sich auf den Rücken und stellen Sie die Beine auf. Die Fußsohlen ruhen flach auf der Matte, die Arme liegen entspannt an der Körperseite.

2 Drücken Sie beim Ausatmen den unteren Rücken in die Matte. Halten Sie die Position für die Dauer des Ausatmens.

3 Atmen Sie ein und lösen Sie die Spannung im unteren Rücken dabei. Wiederholen Sie die Übung anschließend mindestens 2-mal.

Beckendrehung

Wirkung

Hält die Lendenwirbelsäule flexibel

Kräftigt die Muskulatur des unteren Rückens

Kräftigt die schrägen Bauchmuskeln (siehe S. 13)

Übungsabfolge

1 Setzen Sie sich auf die Matte. Stellen Sie die Beine auf, die Fußsohlen liegen flach auf der Matte auf. Lehnen Sie sich nun nach hinten auf die Ellbogen. Entspannen Sie den Kiefer und atmen Sie gleichmäßig ruhig.

2 Führen Sie nun die geschlossenen Beine langsam und kontrolliert nach links. Der Oberkörper bleibt dabei möglichst gerade. Halten Sie die Position für 5 bis 20 Sekunden und führen Sie die Bewegung anschließend zur rechten Seite aus.

3 Wiederholen Sie die Übung mindestens je 5-mal zu beiden Seiten und kehren Sie dann in die Ausgangsposition (Schritt 1) zurück.

Achtung!

Für schwangere Frauen und Patienten mit Osteoporose ist diese Übung nicht geeignet.

Wie ein Ball

Wirkung

Massiert den gesamten Rücken sanft

Hält die Wirbelsäule flexibel

Kräftigt Rücken- und Bauchmuskulatur

Lockert verspannte Hamstrings (siehe S. 13): Sind diese Muskeln verkürzt, beeinflusst dies die Neigung des Beckens und damit die Haltung

Übungsabfolge

1 Setzen Sie sich auf die Matte und stellen Sie die Beine auf. Umfassen Sie die Beine nun an den Oberschenkeln und ziehen Sie sie zum Oberkörper. Das Kinn ziehen Sie leicht zur Brust. Entspannen Sie den Kiefer und atmen Sie gleichmäßig ruhig.

2 Rollen Sie sich nun mit rundem Rücken langsam und kontrolliert nach vorn und hinten. Wiederholen Sie die Übung mindestens 4-mal.

Achtung!

Für schwangere Frauen und Patienten mit Osteoporose ist diese Übung nicht geeignet. Führen Sie stattdessen die Alternative (unten) durch.

Alternative zu »Wie ein Ball«

Wirkung

Diese Übung entspricht der des Beckenkippens (siehe S. 66), wird aber im Vierfüßlerstand durchgeführt

Übungsabfolge

1 Begeben Sie sich in den Vierfüßlerstand auf die Matte. Kippen Sie mit dem Ausatmen das Becken nach vorn und ziehen Sie das Kinn dabei leicht zur Brust. Halten Sie die »Katzenbuckel-Position« für die Dauer des Ausatmens.

2 Atmen Sie ein und lösen Sie die Spannung im Rücken. Wiederholen Sie die Übung anschließend mindestens 2-mal.

Rückenübungssequenz

Die folgende Übungssequenz ist für die meisten Menschen geeignet. Dabei sollen die einzelnen Übungen möglichst ineinander übergehen. Für alle zusammen brauchen Sie etwa zehn Minuten, inklusive der Warm-up-Übungen auf den Seiten 62 bis 73; doch natürlich hängt die Übungsdauer davon ab, wie viele Wiederholungen Sie machen und wie lange Sie jeweils die Position halten. Führen Sie die Übungen möglichst in der angegebenen Reihenfolge durch; sollte Ihnen diese nicht liegen, können Sie die Reihenfolge aber selbstverständlich je nach individuellem Bedürfnis auch modifizieren oder einzelne Übungen durchführen. Die Bewegungen sollten jedoch immer langsam, kontrolliert und im Einklang mit dem Atem sein.

Aus der Rückenlage sicher nach oben kommen

Um Rückenverletzungen beim Aufstehen zu vermeiden, sollten Sie nie ruckartig nach oben schießen. Richten Sie sich deshalb immer nach den folgenden Regeln auf:

Überprüfen Sie Ihre Atmung. Der Atem sollte gleichmäßig und ruhig kommen und gehen. Führen Sie alle Bewegungen im Einklang mit Ihrem Atemrhythmus aus.
Rollen Sie sich auf die Seite, beugen Sie die Knie und ziehen Sie sie sanft und ohne Druck zum Körper heran.
Stützen Sie sich mithilfe Ihrer Hände langsam auf die Hüfte.
Stützen Sie sich nun immer weiter mit Ihren Händen ab, bis Sie langsam eine sitzende Position erreicht haben.
Sitzen Sie ein paar Sekunden ruhig da, bevor Sie aufstehen.

Brücke

Wirkung

Erhöht die Muskulaturspannung an der Vorder- und Rückseite des Körpers

Hält die Wirbelsäule flexibel

Übungsabfolge

1 Legen Sie sich in Rückenlage auf eine Matte. Stellen Sie die Beine auf; die Fußsohlen ruhen flach auf dem Boden, die Füße befinden sich in bequemer Nähe zum Po. Atmen Sie ruhig ein und aus. Die Arme liegen entspannt an der Körperseite.

2 Heben Sie beim Einatmen nun langsam den Rumpf an, von den Hüften bis zum oberen Rücken. Der Schultergürtel hat noch Bodenkontakt. Halten Sie die Position für 5 bis 20 Sekunden und atmen Sie ruhig weiter.

3 Senken Sie nun den Rumpf wieder langsam von oben nach unten, Wirbel für Wirbel. Kehren Sie in die Ausgangsposition zurück und strecken Sie die Beine. Wiederholen Sie die Übung anschließend 1- bis 2-mal.

Abwechselndes Beinheben

Wirkung

Kräftigt die Rückenmuskulatur

Stärkt die Bauchmuskulatur

Dehnt die Hamstrings (siehe S. 13) sanft

Übungsabfolge

1 Legen Sie sich in Rückenlage auf eine Matte, die Beine sind gestreckt. Die Arme liegen entspannt an der Körperseite. Atmen Sie ruhig und langsam ein und aus.

2 Beugen Sie nun ein Bein und stellen Sie den Fuß flach auf die Matte auf. Heben Sie anschließend das andere Bein nur ein paar Zentimeter ausgestreckt vom Boden ab; die Bewegung sollte langsam und kontrolliert sein. Wenn Sie möchten, können Sie dabei noch das Fußgelenk beugen und die Zehen zu sich heranziehen. Halten Sie die Position für 5 bis 20 Sekunden. Atmen Sie ruhig ein und aus.

3 Senken Sie das Bein wieder und lösen Sie die Spannung. Wiederholen Sie die Übung mindestens 2-mal und wechseln Sie dann die Seite.

Abwechselndes Knieheben

Wirkung

Erhöht die Spannung der Rücken- und Bauchmuskeln

Entspannt den Rücken und lindert leichtere Rückenschmerzen

Hält die Wirbelsäule flexibel

Übungsabfolge

1 Legen Sie sich in Rückenlage auf eine Matte, die Beine sind gestreckt. Atmen Sie ruhig und langsam ein und aus.

2 Beugen Sie ein Bein und ziehen Sie es am Knie sanft zu sich heran. Halten Sie die Position für 5 bis 20 Sekunden und atmen Sie ruhig weiter. Lösen Sie die Spannung und strecken Sie das Bein wieder.

3 Wiederholen Sie die Übung anschließend mindestens 2-mal und wechseln Sie dann die Seite.

Curl

Wirkung

Erhöht die Muskelspannung, kräftigt die Bauchmuskulatur und stärkt somit indirekt den Rücken

Hält die Wirbelsäule flexibel

Sicherere Alternative zu den konventionellen Sit-ups

Übungsabfolge

1 Legen Sie sich in Rückenlage auf eine Matte. Die Beine sind gerade ausgestreckt. Atmen Sie gleichmäßig und ruhig.

2 Stellen Sie nun die Beine auf. Die Fußsohlen ruhen flach auf der Matte. Legen Sie die Handflächen locker auf die Oberschenkel. Heben Sie Kopf und Schultern so weit an, wie es für Ihren oberen Rücken noch bequem ist; die Handflächen gleiten dabei zu den Knien. Der Blick ist nach vorn gerichtet. Halten Sie die Position für 5 bis 20 Sekunden und atmen Sie ruhig weiter.

3 Rollen Sie sich nun Wirbel für Wirbel wieder auf die Matte ab und kehren Sie in die Ausgangsposition (Schritt 1) zurück. Legen Sie die Arme entspannt neben dem Körper ab. Wiederholen Sie die Übung 1- bis 2-mal.

Diagonaler Curl

Wirkung

Ergänzt den Curl (siehe S. 80)

Erhöht die Muskelspannung, kräftigt die Bauchmuskulatur und stärkt somit indirekt den Rücken

Hält die Wirbelsäule flexibel

Übungsabfolge

1 Legen Sie sich in Rückenlage auf eine Matte. Die Beine sind gerade ausgestreckt. Atmen Sie gleichmäßig und ruhig.

2 Stellen Sie nun die Beine auf. Die Fußsohlen ruhen flach auf der Matte. Legen Sie die Handflächen locker auf die Oberschenkel. Heben Sie Kopf und Schultern an, doch anstatt nach vorn zu den Knien führen Sie Ihre Hände bei der Bewegung seitlich an den Knien vorbei. Halten Sie die Position für 5 bis 20 Sekunden und atmen Sie ruhig weiter.

3 Rollen Sie sich nun Wirbel für Wirbel wieder auf die Matte ab und kehren Sie in die Ausgangsposition (Schritt 1) zurück. Legen Sie die Arme entspannt neben dem Körper ab.

4 Wiederholen Sie die Übung auf der anderen Seite. Machen Sie eine kleine Pause und wiederholen Sie anschließend die gesamte Übung – inklusive Seitenwechsel – 1- bis 2-mal.

Seitendehnung

Wirkung

Erhöht die Muskelspannung in Rücken und Bauch

Ergänzt den Curl (siehe S. 80) und den diagonalen Curl (siehe S. 81)

Ergänzt die Rumpfdrehung (siehe S. 84)

Öffnet den Brustraum und ermöglicht so eine freiere Atmung (siehe Morbus Bechterew, S. 122f.)

Übungsabfolge

1 Setzen Sie sich aufrecht in den Schneidersitz. Falls Ihnen der Schneidersitz Schmerzen bereitet, können Sie sich auch auf die Fersen setzen. Atmen Sie gleichmäßig und ruhig.

2 Stützen Sie die rechte Hand flach neben der Hüfte auf der Matte auf und strecken Sie den linken Arm nach oben. Beugen Sie nun beim Ausatmen den Oberkörper so weit wie möglich nach rechts; der Unterkörper bleibt dabei ganz ruhig, das Becken ist nach vorn gerichtet. Halten Sie die Position für 5 bis 20 Sekunden und atmen Sie ruhig weiter.

3 Atmen Sie ein und kehren Sie in die Ausgangsposition (Schritt 1) zurück. Machen Sie eine kleine Pause. Wiederholen Sie die Übung anschließend zur anderen Seite. Wiederholen Sie abschließend die gesamte Übung – inklusive Seitenwechsel – mindestens 2-mal.

Rumpfdrehung

Wirkung

Dreht die Wirbelsäule maximal zu beiden Seiten und massiert so sanft die Nerven, die sich von der Wirbelsäule aus verzweigen

Hält die Wirbelsäule flexibel

Erhöht die Muskelspannung im unteren Rücken

Erhöht die Spannung der schrägen Bauchmuskulatur (siehe S. 13)

Regt die Durchblutung der Wirbelsäule an

Übungsabfolge

1 Setzen Sie sich auf die Fersen und atmen Sie gleichmäßig und ruhig ein und aus.

2 Drehen Sie beim Ausatmen nun den Oberkörper langsam nach rechts. Ihre rechte Hand ruht dabei am Po, die linke Hand an der rechten Außenseite der Knie. Der Kopf ist gerade, die Blickrichtung folgt der Bewegung. Halten Sie die Position für 5 bis 20 Sekunden und atmen Sie ruhig weiter.

3 Kehren Sie langsam in die Ausgangsposition (Schritt 1) zurück und machen Sie eine kurze Pause.

4 Wiederholen Sie die Übung zur anderen Seite. Wiederholen Sie abschließend die gesamte Übung – inklusive Seitenwechsel – 1- bis 2-mal.

In der Hocke

Wirkung

Nimmt durch sanften Zug den Druck von den Bandscheiben

Erhöht die Beweglichkeit der Wirbelsäule

Erhöht die Muskelspannung in Rücken und Bauch

Übungsabfolge

1 Stellen Sie sich zunächst aufrecht auf eine Matte und gehen Sie dann langsam in die Hocke. Die Fußsohlen bleiben dabei flach auf dem Boden. Atmen Sie gleichmäßig und ruhig.

2 Halten Sie die Position für 5 bis 20 Sekunden und stehen Sie dann langsam wieder auf.

3 Machen Sie eine kurze Pause und wiederholen Sie die Übung anschließend mindestens 2-mal.

Tipp

Bauen Sie diese Übung so oft wie möglich in Ihren Alltag ein (siehe S. 42–55), beispielsweise wenn Sie etwas vom Boden aufheben wollen.

Dreieckstand

Wirkung

Dehnt Rücken und Beine

Bringt Rücken und Beine wieder in Schwung

Hält die Hamstrings (siehe S. 13) elastisch: Sind diese Muskeln verkürzt, beeinflusst dies die Neigung des Beckens und damit die Haltung

Übungsabfolge

1 Sie beginnen die Übung im Vierfüßlerstand: Die Knie befinden sich unter dem Becken, die Handgelenke unter den Schultern. Atmen Sie gleichmäßig und ruhig.

2 Krabbeln Sie nun mit den Händen ein wenig nach vorn, heben Sie die Knie und strecken Sie die Beine. Die Fersen zeigen zur Matte, müssen diese aber nicht berühren. Strecken Sie die Arme. Der Kopf befindet sich in Verlängerung der Wirbelsäule, der Blick geht zu den Füßen.

3 Halten Sie die Position für 5 bis 20 Sekunden und atmen Sie ruhig weiter. Kommen Sie nun langsam und kontrolliert wieder auf die Knie und kehren Sie in die Ausgangsposition (Schritt 1) zurück.

4 Setzen Sie sich auf die Fersen und machen Sie eine kleine Pause. Wiederholen Sie die Übung anschließend 1- bis 2-mal.

Achtung!

Bei Bluthochdruck, Herzerkrankungen oder Schwindelgefühlen sollten Sie die Übung nicht durchführen.

Beindehnung

Wirkung

Dehnt und kräftigt die Rückenmuskulatur

Lindert Verspannungen im Rücken

Erhöht die Spannung der Bauchmuskeln

Dehnt und kräftigt die Beinmuskulatur

Übungsabfolge

1 Legen Sie sich in Rückenlage auf eine Matte und strecken Sie die Beine. Die Arme liegen entspannt neben dem Körper. Atmen Sie gleichmäßig und ruhig.

2 Ziehen Sie nun das rechte Knie langsam und kontrolliert zur Brust und umfassen Sie mit der rechten Hand die Zehen. Verfahren Sie mit dem linken Bein ebenso.

3 Strecken Sie nun langsam die Beine, die Zehen umfassen Sie weiterhin mit den Händen. Strecken Sie die Beine nur so weit durch, wie es Ihnen noch angenehm ist. Halten Sie die Position für 5 bis 20 Sekunden und atmen Sie ruhig weiter.

4 Lassen Sie die Zehen vorsichtig los, senken Sie ein Bein nach dem anderen und kehren Sie in die Ausgangsposition (Schritt 1) zurück. Machen Sie eine kleine Pause.

5 Wiederholen Sie die Übung anschließend 1- bis 2-mal. Machen Sie nach der Wiederholung erneut eine kleine Pause.

Variation Beindehnung

Übungsabfolge

1 Variieren Sie die Übung oben, indem Sie die gestreckten Beine so weit spreizen, wie es Ihnen noch angenehm ist. Halten Sie diese Position für 5 bis 20 Sekunden.

2 Kehren Sie anschließend in die Ausgangsposition (Schritt 1 oben) zurück und machen Sie eine kurze Pause.

3 Wiederholen Sie die Übung anschließend 1- bis 2-mal. Machen Sie nach der Wiederholung erneut eine kleine Pause.

Wie ein Paket

Wirkung

Dehnt die Rückenmuskulatur

Entspannt den gesamten Rücken

Mindert den Druck auf die Bandscheiben durch Weitung des Raums zwischen den Wirbeln

Mindert den Druck auf die Nerven, die sich von der Wirbelsäule aus verzweigen, und lindert so Schmerzen

Hält die Wirbelsäule flexibel

Übungsabfolge

1 Setzen Sie sich auf die Fersen und atmen Sie gleichmäßig und ruhig ein und aus.

2 Beugen Sie sich nun langsam so weit nach vorn, bis Ihre Stirn den Boden berührt. Die Arme liegen entspannt an der Körperseite, die Handflächen zeigen zur Decke.

3 Halten Sie die Position für 5 bis 20 Sekunden – wenn Sie möchten, auch länger – und kehren Sie anschließend in die Ausgangsposition (Schritt 1) zurück.

Tipp

Sie können Ihre Stirn bei dieser Übung auch auf einem kleinen Kissen ablegen oder ein Kissen zwischen die Knie nehmen.

Alternative Übungssequenz

Diese Übungssequenz ist etwas schwieriger als die erste (siehe S. 74ff.), bietet dafür aber mehr Abwechslung. Beginnen Sie auch hier mit den Aufwärmübungen auf den Seiten 62 bis 73.

Beinheben

Wirkung

Kräftigt die Rückenmuskeln

Dehnt und kräftigt die Bauchmuskulatur

Stärkt die Beinmuskeln

Übungsabfolge

1 Legen Sie sich in Bauchlage auf eine Matte. Das Kinn ruht auf dem Boden. Die Beine sind nah beieinander, die Arme liegen entspannt neben dem Körper. Atmen Sie gleichmäßig und ruhig.

2 Heben Sie beim Ausatmen ein Bein langsam und kontrolliert ausgestreckt so weit an, wie es Ihnen noch angenehm ist. Halten Sie die Position für 5 bis 20 Sekunden und atmen Sie ruhig weiter.

3 Senken Sie das Bein langsam wieder und machen Sie eine kurze Pause. Wiederholen Sie die Übung anschließend mit dem anderen Bein.

4 Machen Sie nach der Wiederholung eine kurze Pause und wiederholen Sie die gesamte Übung – inklusive Seitenwechsel – 1- bis 2-mal.

Achtung!

Schwangere Frauen und Patienten mit einer Hernie oder einer Herzerkrankung sollten diese Übung nicht durchführen.

Die Schlange

Wirkung

Hält die Wirbelsäule flexibel

Kräftigt die Nacken- und Rückenmuskulatur

Regt die Durchblutung der Wirbelsäule an

Übungsabfolge

1 Legen Sie sich in Bauchlage auf eine Matte. Die Stirn ruht auf dem Boden, die Handflächen liegen flach unter den Schultern auf der Matte. Atmen Sie gleichmäßig und ruhig.

2 Stützen Sie sich beim Einatmen langsam und kontrolliert auf die Hände. Sie heben dabei Oberkörper und Kopf an, der Rücken wird sanft nach hinten durchgedrückt. Das Becken bleibt auf der Matte. Halten Sie die Position für 5 bis 20 Sekunden und atmen Sie ruhig weiter.

3 Kehren Sie anschließend sehr langsam und kontrolliert in die Ausgangsposition (Schritt 1) zurück.

4 Machen Sie eine kurze Pause; drehen Sie den Kopf dabei zur Seite und legen Sie die Arme entspannt neben dem Körper ab. Wiederholen Sie die Übung anschließend 1- bis 2-mal.

Achtung!

Schwangere Frauen und Patienten mit einer Hernie oder Nackenschmerzen sollten diese Übung nicht durchführen.

Diagonales Arm- und Beinheben

Wirkung

Kräftigt die Rückenmuskeln

Dehnt und kräftigt die Beinmuskulatur

Dehnt und kräftigt die Bauchmuskulatur

Übungsabfolge

1 Sie beginnen die Übung im Vierfüßlerstand auf Knien und Händen. Atmen Sie gleichmäßig und ruhig.

2 Heben Sie beim Einatmen den linken Arm und das rechte Bein an; Arm und Bein sind ganz gestreckt. Der Kopf befindet sich in Verlängerung der Wirbelsäule, der Blick geht nach unten. Halten Sie die Position für 5 bis 20 Sekunden und atmen Sie ruhig weiter.

3 Kehren Sie anschließend langsam und kontrolliert in die Ausgangsposition (Schritt 1) zurück und machen Sie eine kurze Pause.

4 Wiederholen Sie die Übung mit dem rechten Arm und dem linken Bein. Machen Sie wieder eine kurze Pause und wiederholen Sie die gesamte Übung – inklusive Seitenwechsel – dann 1- bis 2-mal.

Variation »Wie ein Paket«

(siehe auch S. 90)

Wirkung

Dehnt die Rückenmuskeln

Entspannt den gesamten Rücken ausgesprochen wohltuend

Mindert den Druck auf die Bandscheiben durch Weitung des Raums zwischen den Wirbeln

Mindert den Druck auf die Nerven, die sich von der Wirbelsäule aus verzweigen, und lindert so Schmerzen

Hält die Wirbelsäule flexibel

Übungsabfolge

1 Setzen Sie sich auf die Fersen und atmen Sie gleichmäßig und ruhig ein und aus.

2 Beugen Sie sich nun langsam und kontrolliert so weit nach vorn, bis Ihre Stirn den Boden berührt. Die Arme liegen entspannt an der Körperseite.

3 Führen Sie die Arme nun langsam und kontrolliert nach vorn, drücken Sie die Ellbogengelenke dabei jedoch nicht durch. Halten Sie die Position für 5 bis 20 Sekunden – wenn Sie möchten, auch länger. Kehren Sie anschließend in die Ausgangsposition (Schritt 1) zurück.

Tipp

Sie können Ihre Stirn bei dieser Übung auch auf einem kleinen Kissen ablegen oder ein Kissen zwischen die Knie nehmen.

Rumpfdehnung

Wirkung

Dreht die Wirbelsäule maximal zu beiden Seiten und massiert so sanft die Nerven, die sich von der Wirbelsäule aus verzweigen

Hält die Wirbelsäule flexibel

Erhöht die Muskelspannung im unteren Rücken

Erhöht die Spannung der schrägen Bauchmuskulatur (siehe S. 13)

Regt die Durchblutung der Wirbelsäule an

Übungsabfolge

1 Setzen Sie sich aufrecht auf eine Matte, die Beine sind gestreckt. Atmen Sie gleichmäßig und ruhig.

2 Stellen Sie nun das rechte Bein auf, die Fußsohle ruht an der Außenseite des linken Knies flach auf der Matte. Drehen Sie beim Ausatmen langsam und kontrolliert den Oberkörper so weit nach rechts, wie es Ihnen noch angenehm ist. Die Blickrichtung folgt der Bewegung, die Hände ruhen auf der rechten Seite vor dem Oberkörper.

3 Halten Sie die Position für 5 bis 20 Sekunden und atmen Sie ruhig weiter. Kehren Sie mit dem Einatmen anschließend langsam und kontrolliert in die Ausgangsposition (Schritt 1) zurück und machen Sie eine kleine Pause.

4 Wiederholen Sie die Übung anschließend zur anderen Seite. Machen Sie erneut eine kurze Pause und wiederholen Sie die gesamte Übung – inklusive Seitenwechsel – dann 1- bis 2-mal.

Seitbeuge

Wirkung
Kräftigt die Rückenmuskulatur

Hält die Wirbelsäule flexibel

Stärkt die Bauchmuskeln, die in ihrer Wirkung als Stützmuskulatur für den Rücken oft unterschätzt werden und dementsprechend wenig trainiert sind

Erleichtert die effiziente Atmung, die durch bestimmte Erkrankungen eingeschränkt sein kann (siehe z. B. Morbus Bechterew, S. 122f.)

Übungsabfolge

1 Stellen Sie sich aufrecht auf eine Matte. Die Füße sind nah beieinander, die Arme ruhen locker an der Körperseite. Atmen Sie gleichmäßig und ruhig.

2 Strecken Sie nun beim Einatmen die Arme nach oben. Sie befinden sich nah am Kopf. Schließen Sie die Handflächen, wenn Ihnen dies ohne Schmerzen möglich ist.

3 Beugen Sie beim Ausatmen den Oberkörper so weit zu einer Seite, wie es Ihnen noch angenehm ist. Halten Sie die Position für 5 bis 20 Sekunden und atmen Sie ruhig weiter.

4 Kehren Sie mit dem nächsten Einatmen in die Ausgangsposition (Schritt 1) zurück und machen Sie eine kurze Pause.

5 Wiederholen Sie die Übung nun zur anderen Seite und machen Sie danach erneut eine kurze Pause.

6 Wiederholen Sie anschließend die gesamte Übung – inklusive Seitenwechsel – 1- bis 2-mal.

Gesund mit dem Pezziball

Der Pezziball – auch als Gymnastikball bekannt – ist bei Physiotherapeuten schon lange als Fitnessgerät zur Rehabilitation nach Verletzungen oder Erkrankungen in Gebrauch. Seine Effektivität liegt gerade in seiner Instabilität: Die Muskeln müssen arbeiten, um Ball und Körper im Gleichgewicht zu halten.

Die Vorteile des Pezziballs

Er trainiert Muskelgruppen, die wir normalerweise nicht benutzen.
Er verbessert die Haltung.
Er kräftigt die Muskulatur von Rücken, Bauch und Beinen.
Er bringt den Kreislauf wieder in Schwung und wirkt so einer Ermüdung entgegen.
Er verbessert die Konzentrationsfähigkeit und mindert so das Risiko von Unfällen aus Unachtsamkeit.
Er stützt den Körper bei Rehabilitationsübungen nach Verletzungen und Erkrankungen und trägt damit zur Schmerzlinderung bei.

Warm-up

Bevor Sie mit den eigentlichen Übungen (siehe S. 103ff.) beginnen, sollten Sie sich mindestens fünf Minuten aufwärmen. Dadurch wird Ihr Körper beweglicher und kommt auf Betriebstemperatur; die vermehrte Durchblutung verhindert Zerrungen.

Wann und wie

Wählen Sie den für Sie passenden Pezziball. Nur dann sind die Übungen auch wirklich effektiv. Als Richtlinie gilt: Wenn Sie auf dem Ball sitzen, sollten Sie Ihre Füße flach auf dem Boden aufstellen können. Ober- und Unterschenkel bilden einen rechten Winkel. Lassen Sie sich im Sport- oder Orthopädie-Fachgeschäft beraten und lesen Sie sich die Gebrauchsanweisung für den Ball aufmerksam durch.
Setzen Sie sich aufrecht in die Mitte des Balls.
Stellen Sie Ihre Füße flach und schulterbreit auf dem Boden auf.
Legen Sie Ihre Hände locker auf den Oberschenkeln oder seitlich am Ball ab.
Fühlen Sie sich in dieser Position sicher, führen Sie zunächst die Übungen Nackendehnung (siehe S. 65) und Schulterkreisen (siehe S. 62) durch, gefolgt vom Hüftkreisen (siehe S. 100).

Hüftkreisen

Wirkung

Hält die unteren Wirbelgelenke beweglich

Trägt insgesamt zur Beweglichkeit der unteren Wirbelsäule bei

Erhöht die Spannung der unteren Rücken- und Bauchmuskeln

Übungsabfolge

1 Setzen Sie sich auf den Ball. Lassen Sie nun Ihre Hüften kreisen: Verlagern Sie das Gewicht auf einen Sitzknochen und neigen Sie das Becken nach hinten. Verlagern Sie anschließend das Gewicht auf den anderen Sitzknochen und vollenden Sie die Kreisbewegung, indem Sie das Becken nun nach vorn kippen.

2 Wiederholen Sie die Übung 2-mal in die gleiche Richtung. Führen Sie die Übung anschließend 3-mal in die Gegenrichtung aus.

Tipp

Halten Sie den Oberkörper während der Übung so ruhig wie möglich und atmen Sie gleichmäßig ein und aus.

Pezziball-Übungen

Die folgenden Übungen wurden aufgrund ihrer Fähigkeit ausgewählt, die Beweglichkeit der Wirbelsäule zu erhalten – vorausgesetzt, sie werden regelmäßig durchgeführt. Sie alle erhöhen die Spannung in den Nacken-, Rücken-, Bauch- und Beinmuskeln und erleichtern die Atmung. Dadurch wird der gesamte Körper besser mit Sauerstoff versorgt.

An der Wand entlang

Wirkung

Erhöht die Muskelspannung im oberen Rücken und in der Brust

Fördert eine effiziente Atmung; somit wird der gesamte Körper besser mit Sauerstoff versorgt

Hilfreich bei Morbus Bechterew (siehe S. 122f.) und anderen Erkrankungen, bei denen die Atmung eingeschränkt sein kann

Übungsabfolge

1 Stellen Sie sich aufrecht vor eine Wand. Der Pezziball ruht zwischen Ihrem Oberkörper und der Wand.

2 Legen Sie die Hände leicht seitlich auf den Ball, als wollten Sie ihn nach oben drücken. Atmen Sie gleichmäßig und ruhig.

3 Rollen Sie den Ball nun zunächst mit beiden Händen ein Stück nach oben und benutzen Sie anschließend die Hände abwechselnd, bis Ihre Arme so weit gestreckt sind, dass es Ihnen noch angenehm ist. Halten Sie die Position für 5 bis 20 Sekunden und atmen Sie ruhig weiter.

4 Rollen Sie den Ball anschließend in die Ausgangsposition (Schritt 1 und 2) zurück. Machen Sie eine kurze Pause und wiederholen Sie die Übung 2-mal.

Hocke an der Wand

Wirkung

Erhöht die Spannung der Rücken- und Bauchmuskeln

Kräftigt die Beinmuskulatur

Siehe auch Übung »In der Hocke« (S. 86)

Übungsabfolge

1 Stellen Sie sich aufrecht mit dem Rücken vor eine Wand. Der Pezziball ruht zwischen Ihrem Rücken und der Wand. Atmen Sie gleichmäßig und ruhig.

2 Beugen Sie nun langsam die Knie, als ob Sie sich setzen wollten. In der Endposition der Übung sollten die Oberschenkel parallel zum Boden sein.

3 Halten Sie die Position für 5 bis 20 Sekunden und atmen Sie ruhig weiter. Kehren Sie anschließend langsam und kontrolliert in die Ausgangsposition (Schritt 1) zurück. Wiederholen Sie die Übung 2-mal.

Brücke mit dem Pezziball

Wirkung

Erhöht die Muskelspannung im Rücken

Hält die Wirbelsäule flexibel

Erhöht die Muskelspannung im Bauch

Kräftigt die Beinmuskulatur

Übungsabfolge

1 Legen Sie sich in Rückenlage auf den Boden; die Knie sind angewinkelt, die Füße ruhen auf dem Pezziball. Atmen Sie gleichmäßig und ruhig ein und aus.

2 Heben Sie beim Einatmen langsam und kontrolliert das Becken und den unteren Rücken an, der Schultergürtel bleibt am Boden. Halten Sie dabei das Gleichgewicht auf dem Ball.

3 Halten Sie die Position für 5 bis 20 Sekunden und atmen Sie ruhig weiter. Kehren Sie anschließend langsam und kontrolliert in die Ausgangsposition (Schritt 1) zurück, indem Sie Rücken und Becken Wirbel für Wirbel auf dem Boden abrollen.

4 Nehmen Sie die Füße vom Ball und machen Sie eine kurze Pause. Wiederholen Sie die Übung anschließend 1- bis 2-mal.

Dehnung der Hamstrings

Wirkung

Kräftigt die Rückenmuskulatur

Kräftigt die Bauchmuskeln

Hält die Hamstrings (siehe S. 13) elastisch: Sind diese Muskeln verkürzt, beeinflusst dies die Neigung des Beckens und damit die Haltung

Übungsabfolge

1 Legen Sie sich in Rückenlage an eine Wand; der Po ist nah an der Wand, die Füße sind locker an der Wand aufgestellt. Die Arme liegen entspannt an der Körperseite. Atmen Sie gleichmäßig und ruhig.

2 Beugen Sie die Knie und platzieren Sie einen Pezziball sicher zwischen Fußsohlen und Wand.

3 Strecken Sie nun die Beine langsam und kontrolliert so weit, wie es Ihnen noch angenehm ist. Dabei rollen Sie den Ball mit den Füßen nach oben. Halten Sie die Position für 5 bis 20 Sekunden und atmen Sie ruhig weiter.

4 Kehren Sie anschließend langsam und kontrolliert in die Ausgangsposition (Schritt 2) zurück, indem Sie die Knie wieder beugen. Dabei rollen Sie den Ball mit den Füßen nach unten.

5 Wiederholen Sie die Übung nach einer kurzen Pause 1- bis 2-mal. Nehmen Sie den Ball herunter und rollen Sie sich zur Seite, um rückengerecht aufzustehen (siehe S. 74).

Der Pezziball im Alltag

Als Stuhl

Sie können den Pezziball am Schreibtisch oder zum Fernsehen für kurze Zeit als Stuhl benutzen. Dies trainiert Sie im »aktiven Sitzen«, kräftigt Ihre Muskulatur und schult Ihr Gleichgewichtsgefühl.

Als Fußstütze

Wenn Sie im Sitzen die Füße auf dem Pezziball abstellen, entspannt dies Ihre Rückenmuskulatur und wirkt Ermüdung entgegen.

Zur Entspannung

Legen Sie sich in Rückenlage auf eine Matte auf den Boden und legen Sie die Unterschenkel auf dem Pezziball ab. Dies entlastet den Rücken wohltuend.

Cool-down

Beim Cool-down nach dem Training kehrt Ihr Herz-Kreislauf-System allmählich auf Normalniveau zurück. Dadurch vermeiden Sie Schwindelgefühle, wie sie z. B. bei einem plötzlichen Blutdruckabfall auftreten können. Darüber hinaus werden beim Cool-down die Muskeln statisch gedehnt.

Die unten aufgeführten Übungen, die bereits detailliert beschrieben wurden (siehe Seitenverweise), eignen sich auch fürs Cool-down. Führen Sie sie sehr langsam und kontrolliert im Einklang mit Ihrem Atemrhythmus durch. Achten Sie vor allem auf eine gute Haltung des Rückens.

- Nackendehnung (siehe S. 65)
- Schulterkreisen (siehe S. 62)
- Beckenkippen (siehe S. 66)
- Beckendrehung (siehe S. 71)
- Alternative zu »Wie ein Ball« (siehe S. 72)

Führen Sie zum Abschluss Ihres Cool-down-Programms die beiden Übungen auf der gegenüberliegenden Seite durch.

Ganzkörperdehnung

Wirkung

Entspannt beanspruchte Bauchmuskeln

Dehnt alle Muskeln im Körper

Korrigiert Fehlhaltungen

Übungsabfolge

1 Legen Sie sich in Rückenlage auf eine Matte und strecken Sie die Beine aus. Die Arme liegen entspannt neben dem Körper. Atmen Sie gleichmäßig und ruhig.

2 Strecken Sie beim Einatmen die Arme über den Kopf und gleichzeitig die Beine noch etwas mehr aus; ziehen Sie die Zehen zum Körper.

3 Halten Sie die Position für 5 bis 20 Sekunden und atmen Sie ruhig weiter. Lösen Sie die Dehnung beim Ausatmen und kehren Sie in die Ausgangsposition (Schritt 1) zurück.

4 Machen Sie eine kurze Pause und wiederholen Sie die Übung anschließend 1- bis 2-mal.

Alternative zur Ganzkörperdehnung

Übungsabfolge

1 Stellen Sie sich aufrecht hin. Das Gewicht ruht gleichmäßig auf beiden Beinen, die Arme hängen locker an der Körperseite. Atmen Sie gleichmäßig und ruhig ein und aus.

2 Führen Sie beim nächsten Einatmen beide Arme gestreckt nach oben. Legen Sie die Handflächen aneinander, wenn Ihnen dies ohne Schmerzen möglich ist. Halten Sie die Position für 5 bis 20 Sekunden und atmen Sie ruhig weiter.

3 Senken Sie beim Ausatmen die Arme. Machen Sie eine kurze Pause und wiederholen Sie die Übung anschließend 1- bis 2-mal.

Erkrankungen und Heilmethoden

Bei einer Erkrankung ist selten nur ein Teil des Körpers betroffen. Schmerzen in den Beinen etwa können daher rühren, dass bei einer Wirbelkanalverengung Druck auf einen Rückenmarksnerv ausgeübt wird. Dies wiederum kann das Ergebnis eines Bandscheibenvorfalls sein.

Der besseren Übersicht wegen wurde das folgende Kapitel nach verschiedenen Bereichen des Körpers eingeteilt und folgt in der Gliederung Kapitel 2: »So kommt es zu Rückenbeschwerden« (siehe S. 14ff.).

Rückenmark und Nerven

Das Rückenmark – gewissermaßen die Verlängerung des Gehirns – liegt im Wirbelkanal im Inneren der Wirbelsäule. Wird auf das Rückenmark und die Rückenmarksnerven zu viel Druck ausgeübt oder wird es verletzt, sind ernsthafte Symptome die Folge.

Ischialgie

Bei einer Ischialgie ist der Ischiasnerv gereizt. Der Nerv verläuft an der Rückseite des Oberschenkels entlang bis zum Unterschenkel.

Symptome

Die Symptome können sich nachts oder bei drohendem stürmischem Wetter verschlimmern und halten von einigen Tagen bis zu mehreren Monaten an. Zu ihnen zählen die folgenden:

- Leichter bis heftiger Rückenschmerz, der in Gesäß und Oberschenkel ausstrahlt und sich durch Husten, Niesen und Bücken verschlimmert
- Taubheitsgefühl oder Kribbeln im Unterschenkel
- Muskelschwäche in Gesäß, Oberschenkel, Unterschenkel oder Fuß

Ursachen

- Verletzung oder Quetschung des Ischiasnervs oder seiner Wurzeln, wie sie z. B. bei einem Bandscheibenvorfall auftreten können
- Reizung des Ischiasnervs, hervorgerufen etwa durch eine Infektion
- Schmerz, der von einem anderen Körperteil auf den Nerv ausstrahlt

Ein erhöhtes Risiko für eine Ischialgie besteht bei einer Rückenverletzung, einem Bandscheibenvorfall, bei Übergewicht, bei Bewegungsmangel und einer unergonomischen Körpermechanik.

Vorbeugung

- Regelmäßige Bewegung mit dem Fokus auf der Stärkung der Rücken-, Bauch- und Beinmuskulatur
- Gute Haltung und ergonomische Körpermechanik
- Vermeidung von Übergewicht

Behandlung

Die Behandlung einer Ischialgie erfolgt je nach auftretenden Symptomen. Zu den möglichen Behandlungsformen gehören die folgenden:

- Einschränkung der Aktivität statt strenger Bettruhe, um den Druck auf den Nerv zu mindern und die Heilung zu fördern
- Wärmeanwendungen wie Heizkissen oder heiße Bäder, um Schmerzen und Muskelkrämpfe zu lindern
- Schmerzmittel oder entzündungshemmende Medikamente
- Operation, etwa bei bestimmten Arten von Bandscheibenvorfällen

Alternative Behandlungsmethoden

- Physikalische Therapien wie Ultraschall, Kälteanwendungen, Hydrotherapie oder elektrische Nervenstimulation
- Akupunktur
- Chiropraktik (außer bei Bandscheibenvorfällen)

Wirbelkanalverengung

Bei einer Wirbelkanalverengung steht dem Rückenmark und den Rückenmarksnerven weniger Platz zur Verfügung.

Ein erhöhtes Risiko, an einer Wirbelkanalverengung zur erkranken, besteht bei älteren Menschen, bei Patienten mit Bandscheibenvorfall, einem Wirbelsäulentumor, einer Infektion oder einem Wirbelbruch sowie bei Übergewicht und Bewegungsmangel.

Symptome

- Schmerzen im Gesäß und unteren Rücken, die in ein oder beide Beine ausstrahlen können
- Taubheitsgefühl in den Beinen, das sich bei Ruhe und beim Nach-vorn-Beugen legt und bei Bewegung verschlimmert
- Schwäche- und Schwindelgefühl

Ursachen

Zu den Ursachen einer Wirbelkanalverengung gehören die folgenden:

- Degenerationsarthrose
- Wirbelgleiten (siehe S. 124)
- Verletzung
- Knochenerkrankung
- Genetische Faktoren

Vorbeugung

Die beiden besten Maßnahmen, um eine Wirbelkanalverengung zu vermeiden, sind die folgenden:

- Verbesserung der Haltung und Körpermechanik (siehe S. 42–55)
- Regelmäßige Dehn- und Kräftigungsübungen

Als zusätzlich hilfreich haben sich die folgenden Maßnahmen erwiesen:

- Gewichtskontrolle durch bewusste Ernährung
- Ausreichend Bewegung
- Nicht rauchen, da Rauchen durch die verminderte Durchblutung die Bandscheibendegeneration beschleunigt und das Risiko eines Bandscheibenvorfalls erhöht

Behandlung

Zur Behandlung bieten sich neben nicht-steroidalen Entzündungshemmern auch Wärme- oder Kälteanwendungen sowie gelenkschonende Sportarten wie Schwimmen an. Besprechen Sie sich vorher jedoch unbedingt mit Ihrem Arzt.

Zeigen diese Behandlungsformen keine Erfolge, könnte eine Nervenblockade (siehe S. 37) oder ein chirurgischer Eingriff wie eine Dekompression (siehe S. 38f.) in Betracht gezogen werden.

Alternative Behandlungsmethoden

Die Ursache einer Wirbelkanalverengung beseitigt Akupunktur zwar nicht, zur Schmerzlinderung hat sie sich dagegen als nützlich erwiesen. Weiterhin kommen Ultraschallbehandlungen, eine Kurzwellendiathermie, TENS und Massage infrage.

Cauda-equina-Syndrom

Die Cauda equina, der sogenannte Pferdeschwanz, ist der unterste Abschnitt des Rückenmarks (siehe S. 12). Das Cauda-equina-Syndrom ist durch eine Reihe charakteristischer Symptome gekennzeichnet.

Symptome

- Unfähigkeit, Wasser zu lassen
- Blasenschwäche
- Fortschreitendes Taubheitsgefühl zwischen den Beinen
- Fortschreitender Kontrollverlust über die Beine

Ursachen und Behandlung

Das Cauda-equina-Syndrom tritt als Folge von erheblichem Druck im Inneren des Wirbelkanals auf. Das sehr ernsthafte Warnsignal (siehe S. 16) sollte sofort ärztlich behandelt werden, eventuell mit einer Bandscheibenoperation.

Knochen

Die Wirbelsäule besteht aus 33 einzelnen Knochen. Sie alle können durch eine Verletzung, eine Infektion, degenerative Veränderungen oder Abnutzungserscheinungen Schaden erleiden.

Brüche

Knochenbrüche können in den unterschiedlichsten Formen auftreten.

Symptome

Zu den Symptomen von Wirbelbrüchen gehören die folgenden:

- Rückenschmerzen, die manchmal ins Gesäß ausstrahlen
- Einschießender Schmerz
- Schmerz auch bei Ruhe

Ursachen

- Verletzungen z. B. infolge eines Autounfalls, beim Sport oder durch einen Schlag auf den Rücken
- Erkrankungen wie Osteoporose oder Metastasen bei Brust- oder Prostatakrebs
- Einnahme von Steroiden zur Behandlung entzündlicher Erkrankungen wie etwa Arthritis

Vorbeugung

Steht der Knochenbruch im Zusammenhang mit Osteoporose, können bestimmte vorbeugende Maßnahmen ergriffen werden (siehe S. 119). Das Risiko eines Knochenbruchs nach einem Sturz kann durch regelmäßige Übungen gesenkt werden, die das Gleichgewichtsgefühl und die Koordination schulen. Hilfreich zur Vermeidung von Knochenbrüchen sind natürlich auch vernünftiges Schuhwerk und Einlagen in Dusche oder Badewanne, die das Ausrutschen verhindern.

Notfallmaßnahmen

Rückenschmerzen, die nach einem Sturz oder Unfall auftreten, können Anzeichen eines ernsthaften Schadens sein und sollten als Notfall behandelt werden. Ergreifen Sie die folgenden Maßnahmen:

- Sorgen Sie dafür, dass die Person sich nicht bewegt.
- Bewegen Sie selbst die verletzte Person ebenfalls nicht.
- Rufen Sie den Notarzt. Er kann die Wirbelsäule der verletzten Person stabilisieren und sie sicher ins nächste Krankenhaus bringen.

Behandlung von Kompressionsbrüchen

- Anlegen einer Zervikalstütze, einer sogenannten Halskrause, für drei bis vier Monate und Röntgenkontrolle, um den Heilungsfortschritt einzuschätzen
- Richtiges Liegen (siehe S. 44), am besten nicht in der Bauchlage
- Nahrungsergänzungsmittel zur Förderung der Knochengesundheit – etwa Kalzium und Magnesium, Bor, Zink und Vitamin D – in Absprache mit einem qualifizierten Ernährungsberater
- Verzicht auf alkoholische, koffeinhaltige und kohlensäurehaltige Getränke, da sie den Knochen schaden können
- Schmerzmittel und entzündungshemmende Medikamente
- Allmähliche Mobilisierung, um Kraft und Selbstvertrauen aufzubauen; dabei ist ein Physiotherapeut meist sehr hilfreich
- Entsprechende Behandlung, wenn Osteoporose die Ursache ist (siehe S. 119)

Chirurgische Eingriffe

Sollten weniger invasive Maßnahmen sich als nicht erfolgreich erweisen, kann eine Operation nötig sein, etwa eine Vertebroplastie oder eine Kyphoplastie (siehe S. 39).

Osteoporose

Osteoporose bedeutet wörtlich übersetzt »brüchige Knochen« und bezeichnet eine Erkrankung, in deren Verlauf die Knochen schwach, porös und anfällig für Frakturen werden. Am ernsthaftesten ist Osteoporose, wenn sie in der Wirbelsäule und im Oberschenkel auftritt. Die geschwächten Knochen halten dann noch nicht einmal mehr das Körpergewicht der betreffenden Person aus. Wenn dies der Fall ist, kann sich die Körpergröße des Patienten – bzw. überwiegend der Patientin – um mehrere Zentimeter verringern.

Symptome

Zwei Symptome, die auf Osteoporose hinweisen, sind Schmerzen beim Nach-vorn-Beugen und Rückenbeschwerden. Mit fortschreitendem Krankheitsverlauf kann sich die Körpergröße verringern, manchmal tritt auch eine Kyphose – der sogenannte Witwenbuckel – auf. Sind die Knochen im Brustkorb betroffen, kann auch die Atmung behindert sein.

Ursachen

Von Osteoporose sind überwiegend Frauen nach den Wechseljahren betroffen sowie manchmal auch Männer, die einer sitzenden Tätigkeit nachgehen. Auch bei jungen Frauen mit Essstörungen wie Magersucht kann Osteoporose auftreten; hier herrscht ein Magel an Nährstoffen wie Kalzium, Vitamin D, Bor und Zink, die für die Gesundheit der Knochen unabdingbar sind.

In Einzelfällen wird die Knochendichte auch durch die häufige Einnahme von aluminiumhaltigen Antazida – magensäurehemmende Mittel – beeinträchtigt, da sie die Kalziumausscheidung beschleunigen. Auch bestimmte Diuretika – harntreibende Mittel, sogenannte Wassertabletten –, die den Kalziumverlust steigern, und einige Abführmittel schränken bei häufiger Einnahme die Versorgung mit Mineralien und Vitaminen ein. Steroide, die zur Behandlung entzündlicher Prozesse wie Arthritis verordnet werden, können den Knochenaufbau und die Kalziumaufnahme ebenfalls behindern.

Vorbeugung

Präventive Maßnahmen zum Aufbau und zur Stärkung der Knochen sollten schon im frühen Erwachsenenalter ergriffen werden. Dazu gehören eine Kost, die reich an Kalzium, Vitamin D, Zink und Bor ist, sowie regelmäßige Bewegung. Darüber hinaus ist es ratsam, nicht zu rauchen und den Konsum alkohol-, koffein- und kohlensäurehaltiger Getränke einzuschränken, da sie dem Körper wertvolle Nährstoffe rauben. Auch aluminiumhaltige Magensäurehemmer sollten so wenig wie möglich eingenommen werden. Mit regelmäßigen Stressbewältigungstechniken kann zudem der Kortisolspiegel im Blut gesenkt werden; auch dieses Stresshormon trägt zur Entstehung von Osteoporose bei.

Behandlung

Ist Osteoporose einmal aufgetreten, sind die Behandlungserfolge meist wenig zufriedenstellend. Dennoch hilft die Einnahme der oben genannten Vitamine und Mineralien, den Krankheitsverlauf zumindest zu verzögern. Die besten Lieferanten für diese Nährstoffe sind grünes Blattgemüse sowie Milch-, Soja- und Vollkornprodukte. Nahrungsergänzungsmittel können ebenfalls hilfreich sein; befragen Sie dazu jedoch vorher Ihren Arzt.

Frauen nach den Wechseljahren können auch eine Hormonersatztherapie in Erwägung ziehen – natürlich nur in Absprache mit dem Arzt. Darüber hinaus gibt es auch andere Medikamente zum Knochenaufbau.

Regelmäßige Bewegung spielt nicht nur bei der Vorbeugung von Osteoporose eine große Rolle, sondern kann auch den Krankheitsverlauf verlangsamen. Dennoch ist immer Vorsicht angebracht, insbesondere bei Übungen, bei denen man sich nach vorn beugen muss. Beraten Sie sich mit Ihrem Arzt oder Physiotherapeuten. Koordinations- und Gleichgewichtsübungen sind ebenfalls sehr wichtig, da sie Stürze und Knochenbrüche verhindern können. Stressbewältigungsmaßnahmen sind wie oben erwähnt zudem hilfreich.

Zu den Medikamenten, mit denen man Osteoporse behandelt, gehören die folgenden:

- Bisphosphonate; sie verhindern den Verlust von Knochensubstanz und können die Aktivität knochenbildender Zellen, der sogenannten Osteoblasten, erhöhen.
- SERM (Selektive Östrogenrezeptormodulatoren); auch sie verhindern den Verlust von Knochensubstanz, sollten jedoch nur nach der Menopause verabreicht werden.
- Kalzitonin; es verhindert den Verlust von Knochensubstanz, fördert die Entstehung knochenbildender

Zellen und hat sich auch zur Schmerzlinderung als nützlich erwiesen.

- Teriparatid (Forsteo®); das Hormon wird in Form einer Spritze verabreicht und aus der am Kalziumstoffwechsel beteiligten Nebenschilddrüse gewonnen. Es fördert den Knochenaufbau.
- Eine Hormonersatztherapie kann die Aktivität der Osteoblasten erhöhen und den Verlust von Knochensubstanz mindern, eignet sich aber nicht für alle Frauen. Besprechen Sie sich darüber ausführlich mit Ihrem Arzt, da die Therapie ernst zu nehmende Nebenwirkungen haben kann.
- Nicht verschreibungspflichtige Schmerzmittel wie Aspirin® und Paracetamol® lindern die Schmerzen.

Alternative Behandlungsmethoden

- Lokale Wärmeanwendungen, etwa ein Heizkissen
- Ernährungsumstellung
- T'ai Chi
- Yoga

Gelenke

Die Gelenke stellen die Verbindung zwischen den Knochen dar. Sie liegen als weiches Knorpelgewebe auch zwischen den Wirbeln und werden durch Bänder verstärkt, die an der Vorder- und Rückseite der Wirbelkörper die gesamte Wirbelsäule entlang verlaufen. Darüber hinaus gibt es noch die Facettengelenke an der Rückseite der Wirbel (siehe S. 12). Wie die anderen Gelenke im Körper sind auch die Wirbelgelenke anfällig für Verletzungen, Infektionen, Tumoren und degenerative Veränderungen.

Gelenkreizung

Die auch als Osteoarthrose bezeichnete Erkrankung ist die häufigste Form der Arthrose und tritt vor allem bei älteren Menschen auf. Sie befällt das Knorpelgewebe, das die Knochenenden am Übergang zu den Gelenken bedeckt, ebenso wie den darunter liegenden Knochen, die Bandscheiben und die Bänder.

Symptome

Steifheit und Schmerzen im Rücken, die sich bei Streckung – also beim Beugen nach hinten – verschlimmern, können Anzeichen einer Wirbelgelenkreizung sein. Der Schmerz ist in der Regel jedoch erträglich.

Eine Gelenkreizung im unteren Rücken kann zu einer Verengung des Wirbelkanals führen (siehe S. 116f.) oder zu Wirbelgleiten (siehe S. 124); zudem kann sie Schmerzen, die in die Beine ausstrahlen, sowie ein Taubheitsgefühl und Schwäche in den Beinen hervorrufen.

Ursachen

Zu einer Gelenkreizung kann es infolge einer Verletzung oder eines Unfalls, infolge einer entzündlichen Gelenkerkrankung oder infolge einer Überlastung beim Sport und anderen Tätigkeiten kommen.

Vorbeugung

Sie können Gelenkreizungen vorbeugen:

- Achten Sie auf einen guten allgemeinen Gesundheitszustand und ernähren Sie sich mit vitamin- und mineralstoffreicher Kost.
- Vermeiden Sie Übergewicht.
- Führen Sie täglich Rückenübungen durch, um die Widerstandsfähigkeit und Beweglichkeit Ihrer Wirbelsäule zu erhalten.
- Achten Sie auf eine gute Haltung und Körpermechanik, um den Druck auf die Wirbelsäule zu minimieren.

Behandlung

Zu den Behandlungsoptionen gehören die folgenden:

- Lokale Wärmeanwendungen beispielsweise mittels eines Heizkissens, mittels warmer Bäder oder einer warmen Dusche
- Manuelle Heilbehandlungen wie z. B. Shiatsu oder eine andere Art der Massage, wobei entzündete Bereiche jedoch ausgelassen werden sollten

- Nicht verschreibungspflichtige Schmerzmittel wie z. B. Paracetamol®
- Capsicum-Salbe zur äußerlichen Anwendung; der Wirkstoff entstammt einem Nachtschattengewächs, ist in Chili, Paprika und Cayennepfeffer enthalten und hat entzündungshemmende Eigenschaften
- Dehn- und Kräftigungsübungen
- Nervenblockaden (siehe S. 37) oder eine Operation

Alternative Behandlungsmethoden

- Akupunktur zur Schmerzlinderung
- Pflanzliche Heilmittel, darunter auch Lieferanten essenzieller Fettsäuren (siehe nebenstehend), die zur Entzündungshemmung beitragen
- Ernährungsumstellung und Nahrungsergänzungsmittel wie Vitamin C, D und E sowie Glukosamin – ein Bestandteil des Knorpels und der Gelenkflüssigkeit – und Chondroitin; letztere Substanz spielt eine wichtige Rolle beim Zusammenhalt des Gelenkknorpelgewebes
- Yoga
- T'ai Chi
- Entspannungstechniken

Essenzielle Fettsäuren heißen »essenziell«, weil der Körper sie braucht, um bestimmte lebenswichtige Funktionen ausüben zu können. Da er sie aber nicht selbst herstellen kann, muss er sie über die Nahrung aufnehmen. Enthalten sind essenzielle Fettsäuren u. a. in Leinsamen, Sojabohnen, Walnüssen und daraus gewonnenen Ölen, in grünem Blattgemüse sowie in Fischen wie Lachs, Sardine und Forelle.

Rheumatoide Arthritis

Die auch als primär-chronische progressive Polyarthritis bezeichnete entzündliche Erkrankung befällt überwiegend die Synovialgelenke, die die sogenannte Gelenkschmiere enthalten. Die Erkrankung kommt bis zu einem Alter von 65 Jahren bei Frauen zweimal so häufig vor wie bei Männern, danach sind beide Geschlechter gleichermaßen betroffen.

Symptome

Eine rheumatoide Arthritis beginnt meist mit Erschöpfung und generellem Unwohlsein. Nach einer Ruhephase – etwa der Nachtruhe – sind die Gelenke oft steif; mit Fortschreiten der Erkrankung verstärken sich die Symptome.

Obwohl die rheumatoide Arthritis überwiegend die Hände und Füße betrifft, tritt sie auch an der Halswirbelsäule auf. Dann kann es zu einer Kompression des Rückenmarks kommen, und eine Operation ist meist unvermeidbar. Auch den unteren Rücken kann die schmerzhafte Erkrankung befallen, insbesondere die dortigen Facettengelenke und Bänder.

Ursachen

Einst galt die rheumatoide Arthritis als Autoimmunerkrankung – bei diesen Krankheiten bekämpft sich der Körper gewissermaßen selbst –, mittlerweile ist diese Annahme jedoch umstritten.

Es scheint allerdings eine genetische Veranlagung vorzuliegen, auch sollen Hormonschwankungen eine Rolle spielen. Beispielsweise klingen die Symptome in den letzten drei Monaten der Schwangerschaft ab, flammen jedoch nach der Entbindung wieder auf. Eine weitere mögliche Ursache ist eine Infektion.

Vorbeugung

Die beste vorbeugende Maßnahme besteht im Schutz der Gelenke und in regelmäßiger Bewegung, um ihre Funktion zu erhalten. Dazu gehören wieder einmal eine gute Haltung und eine ergonomische Körpermechanik; zudem sollten längere einseitige Tätigkeiten immer wieder von einfachen Dehnübungen unterbrochen werden. Lassen Sie sich von Ihrem Arzt oder Physiotherapeuten beraten.

Behandlung

Die Behandlung zielt im Großen und Ganzen auf Schmerzlinderung, den Schutz der Gelenkoberflächen und die Funktionserhaltung ab. Den Krankheitsverlauf verzögern können auch entzündungshemmende Medikamente; sie verhindern die Ausdehnung der Entzündung auf andere Bereiche des Körpers. Aspirin®, Ibuprofen und Naproxen lindern Schmerzen und wirken abschwellend; hilfreich sind auch die kurzzeitige Einnahme von Glukokortikoiden wie Prednison und Kortison sowie langsam wirkende Anti-Rheuma-Mittel.

Alternative Behandlungsmethoden

- Lokale Wärmeanwendungen
- Massage
- Nahrungsergänzungsmittel in Form von essenziellen Fettsäuren (siehe S. 121), Glukosaminsulfaten und Chondroitinsulfat (siehe S. 121)
- T'ai Chi
- Yoga
- Entspannungstechniken

Morbus Bechterew

Morbus Bechterew ist eine chronisch fortschreitende Entzündung der Wirbelsäule und der Iliosakralgelenke. Sie tritt überwiegend bei Männern auf, meist bei unter 40-Jährigen. Ihre Ursachen sind bislang nicht bekannt, doch vermutet man einen starken genetischen Einfluss.

Symptome

Das häufigste Symptom dieser Erkrankung sind Schmerzen im unteren Rücken und oberen Gesäß, die sich schleichend einstellen und mindestens drei Monate lang anhalten. Sie verschlimmern sich bei Ruhe und lassen bei stufenweise gesteigerter Bewegung nach. Zudem können sie in den oberen Rücken bis ins Brustbein hinein ausstrahlen. Ein weiteres Symptom ist Steifheit des Rückens, vor allem morgens nach dem Aufstehen.

Darüber hinaus kann sich Morbus Bechterew auch auf andere Körperbereiche auswirken, etwa auf Herz, Lunge, Nieren, Augen, Wirbelsäulenbänder und -sehnen, Iliosakralgelenke und die Gelenke zwischen den Rippen und den Wirbeln, was möglicherweise Atembeschwerden verursacht. Auch allgemeines Unwohlsein und Gewichtsverlust können auftreten, bei fort-

schreitender Erkrankung kann es zur Verschmelzung von Wirbeln kommen und dem damit einhergehenden typischen »Buckel« des oberen Rückens und einer Nackensteifheit.

Ursachen

Die Ursachen von Morbus Bechterew sind noch nicht vollständig geklärt, man vermutet aber eine genetische Disposition und möglicherweise auch eine Infektion.

Behandlung

Effektive Maßnahmen, die der Krankheit vorbeugen oder ihren Verlauf aufhalten, scheint es nicht zu geben. Die Ziele der Behandlung bestehen in der Schmerzlinderung etwa mittels nicht-steroidaler Entzündungshemmer und Wärme sowie im Erhalt der Wirbelsäulenfunktion, notfalls mithilfe eines Stützkorsetts oder einer Schiene, um Atembeschwerden zu verhindern. Generell sollten Morbus-Bechterew-Patienten sich schonen. Empfehlenswert sind jedoch Übungen zur Kräftigung und zum Erhalt der Beweglichkeit. Selten wird mittels einer Operation die Stellung der Wirbelsäule korrigiert.

Verletzung der Facettengelenke

Facettengelenke (siehe S. 12) sind paarweise angeordnete Synovialgelenke an der Rückseite der Wirbel. In ihren Kapseln befinden sich zahlreiche Nervenenden, die auf Zug und Druck empfindlich reagieren. Wie andere Gelenke sind auch die Facettengelenke anfällig für Verletzungen und nicht selten die Ursache für Schmerzen im unteren Rücken.

Symptome

Schmerzen, Muskelkrämpfe und Steifheit der Wirbelsäule sind die Hauptsymptome einer Verletzung der Facettengelenke. Der Schmerz nimmt beim Strecken zu und beim Bücken ab.

Ursachen

Jede Krafteinwirkung auf Gelenkkapsel und -bänder kann eine Reizung hervorrufen, die sich durch Schmerzen und Schwellungen äußert.

Vorbeugung

- Regelmäßig durchgeführte Übungen zur Dehnung und Kräftigung

- Häufige Pausen bei überwiegend sitzender Tätigkeit, um Verspannungen vorzubeugen
- Übungen zur Verbesserung der Haltung, etwa mithilfe der Alexander-Technik (siehe S. 32)

Behandlung

Zur Schmerzlinderung bieten sich nicht-steroidale Entzündungshemmer und das ebenfalls entzündungshemmende Aspirin® an. In Einzelfällen kann auch das Spritzen eines Steroids wie Kortison direkt in das betroffene Gelenk (siehe S. 37) hilfreich sein – etwa dann, wenn die Symptome von einer entzündlichen Arthritis hervorgerufen werden. Die Effektivität dieser Therapie ist jedoch umstritten.

Wirbelgleiten (Spondylolisthesis)

Der Fachbegriff dieser Erkrankung leitet sich von den griechischen Wörtern *spondylos,* Wirbel, und *olisthanein,* rutschen oder gleiten, ab. Dabei gleitet ein Wirbel über den anderen. Am häufigsten tritt Wirbelgleiten zwischen dem fünften Lendenwirbel und dem ersten Sakralwirbel auf.

Symptome

Manchmal treten beim Wirbelgleiten beim Erwachsenen gar keine Symptome auf, manchmal kommt es zu Rückenschmerzen. Wenn die Erkrankung zu einer Verengung des Wirbelkanals führt, können auch die Symptome einer Nervenquetschung auftreten (siehe Wirbelkanalverengung, S. 116f.).

Ursachen

Eine Ursache des Wirbelgleitens sind arthritische Veränderungen in der Lendenwirbelsäule, wie sie vor allem bei älteren Frauen auftreten. Diese können zu einer Wirbelkanalverengung führen.

Darüber hinaus tritt Wirbelgleiten auch manchmal bei jungen Erwachsenen auf und kann Rückenschmerzen, eine Verkürzung der Hamstrings (siehe S. 13) sowie Nervenreizungen verursachen.

Vorbeugung

- Regelmäßige Übungen zur Kräftigung der Rückenmuskulatur und um einer Verkürzung der Hamstrings entgegenzuwirken
- Eine gute Haltung und Körpermechanik sowie korrekt ausgeführte sportliche Techniken
- Vermeidung von Übergewicht

Behandlung

Durch degenerative Veränderungen verursachtes Wirbelgleiten wird ähnlich wie eine Wirbelkanalverengung und eine Gelenkreizung (siehe S. 120f.) behandelt. Zudem sind die folgenden Maßnahmen ratsam:

- Dehn- und Kräftigungsübungen
- Haltungsschulung
- Ernährungsumstellung gegen Übergewicht
- Nicht rauchen
- Entzündungshemmende Medikamente
- Möglicherweise eine Nervenblockade (siehe S. 37)
- OP wie Dekompression oder Wirbelfusion (siehe S. 38f.), falls nötig

Bandscheiben

Zwischen den tragenden Teilen der Wirbel befinden sich vom zweiten Halswirbel an bis zum Kreuzbein Bandscheiben. Sie bestehen aus einem äußeren Faserring, dem Annulus fibrosus, und einem weichen, biegsamen Gallertkern, dem Nucleus pulposus (siehe S. 12). Obwohl die Bandscheiben einen enormen Druck aushalten können, erweisen sie sich bei Drehbewegungen als sehr empfindlich. Um dies auszugleichen, gibt es die Facettengelenke, die die größten Drehkräfte auffangen.

Degenerative Bandscheibenerkrankung

Eine Bandscheibendegeneration äußert sich in rasch fortschreitenden Abnutzungserscheinungen, die damit enden, dass die Bandscheibe den auf ihr lastenden Druck nicht mehr aushält.

Solche degenerativen Veränderungen sollten nicht mit dem ganz normalen Alterungsprozess gleichgesetzt werden. Zwar altern auch die Bandscheiben, doch zieht dies nicht unbedingt eine Bandscheibendegeneration nach sich.

Symptome

Bei einer Bandscheibendegeneration verspürt der Betroffene nicht immer Symptome. Es kann jedoch auch zu heftigen Schmerzen – insbesondere beim Bücken – kommen.

Ursachen

- Exzessive Krafteinwirkung auf die Wirbel, z. B. durch schweres Heben
- Risse im äußeren Faserring und ein poröser Gallertkern (siehe oben)
- Verletzung der Bandscheiben durch exzessiven Druck, der noch durch eine Drehbewegung verschlimmert wird; dabei kann der äußere Faserring reißen, was wiederum zu einem Bandscheibenvorfall führen kann

Vorbeugung

- Korrekte Technik beim Sport sowie beim Heben schwerer Gegenstände
- Entsprechende Schutzkleidung, etwa bei der Arbeit mit einem Presslufthammer
- Regelmäßige Pausen bei einseitigen Tätigkeiten, z. B. bei langen Autofahrten
- Vermeidung von Übergewicht

Behandlung

Die Behandlung einer degenerativen Bandscheibenerkrankung unterscheidet sich nicht wesentlich von der vieler anderer Wirbelsäulenerkrankungen:

- Dehn- und Kräftigungsübungen
- Schulung der Haltung und Körpermechanik
- Vermeidung von Übergewicht
- Nicht rauchen
- Falls angezeigt, eine Nervenblockade (siehe S. 37) oder ein chirurgischer Eingriff

Bandscheibenvorfall

Ist der äußere Faserring der Bandscheibe in seiner Funktion geschwächt, kann sich der innere Gallertkern vorwölben, reißen und aus seiner normalen Position hervortreten. Wenn dies geschieht, spricht man von einem Bandscheibenvorfall.

Die Erkrankung tritt bei Männern zwischen 30 und 50 recht häufig auf, und zwar bis zu 36 Stunden nach dem Ereignis, das sie verursacht hat.

Symptome

- Rückenschmerzen, die sich beim Bücken verschlimmern und beim Strecken bessern
- Schmerzen, Taubheitsgefühl und Schwäche in den Beinen
- Muskelkrämpfe
- Symptome, die an das Cauda-equina-Syndrom (siehe S. 117) erinnern

Eine eingeklemmte Bandscheibe im Halswirbelsäulenbereich weist einen ähnlichen Krankheitsverlauf wie ein Bandscheibenvorfall im Lendenwirbelsäulenbereich auf. Zu den Symptomen gehören Nackenschmerzen und -krämpfe, Sensibilitätsstörungen in der Hand und eine Zugriffsschwäche in der betreffenden Hand.

Ursachen

Bandscheibenvorfälle treten häufig infolge von altersbedingten Veränderungen im äußeren Faserring und inneren Gallertkern der Bandscheibe auf. Auch ein Sturz oder Unfall, eine Verletzung beim Drehen oder Heben, ja sogar ein heftiges Husten oder plötzliches Niesen können einen Bandscheibenvorfall auslösen.

Vorbeugung

Zu den sinnvollen vorbeugenden Maßnahmen, die das Risiko eines Bandscheibenvorfalls minimieren, gehören die folgenden:

- Kräftigungsübungen für den Rumpf, die die Wirbelsäule flexibel halten und Koordination und Balance schulen
- Regelmäßige Pausen bei einseitigen Tätigkeiten, um Verspannungen und Überlastungen zu vermeiden
- Eine gute Haltung, um den Druck auf die Wirbelsäule so gering wie möglich zu halten
- Vermeidung von Übergewicht
- Passendes, flaches Schuhwerk, das die Wirbelsäule ebenfalls entlastet

Behandlung

Zu den Maßnahmen, die bei einem akuten Bandscheibenvorfall ergriffen werden, bei dem keine Warnsignale (siehe S. 16) auftreten, gehören die folgenden:

- Ruhigstellung, aber keine strenge Bettruhe, außer in sehr schweren Fällen und dann nicht länger als 48 Stunden
- Lokale Wärmeanwendungen, um Muskelkrämpfe und Schmerzen zu lindern
- Medikamente wie Schmerzmittel oder Entzündungshemmer sowie vorsichtiger Gebrauch von Narkoanalgetika (siehe S. 37)
- Sanfte Übungen, insbesondere Beugeübungen, in Absprache mit dem Arzt oder Physiotherapeuten; dazwischen aber auch immer wieder ausreichend lange Ruhephasen
- Gute Haltung und Körpermechanik

In Einzelfällen können auch eine Nervenblockade, eine Diskektomie oder eine Chemonukleolyse (siehe S. 37f.) ratsam sein. Bei kleineren Bandscheibenproblemen im Halswirbelsäulenbereich kann auch eine Zervikalstütze (»Halskrause«) zur Ruhigstellung verordnet werden.

Alternative Behandlungsmethoden

- Akupunktur zur Schmerzlinderung
- Strategien, um mit dem Rauchen aufzuhören, da Rauchen auch die Gesundheit der Bandscheiben gefährdet
- Yoga und T'ai Chi; sie erhalten und verbessern die Beweglichkeit, das Gleichgewichtsgefühl und die Koordinationsfähigkeit
- Haltungsschulung; hier empfiehlt sich insbesondere die Alexander-Technik (siehe S. 32)

ACHTUNG!

Bei einem akuten Bandscheibenvorfall sind Chiropraktik und Massage absolut nicht geeignet!

Wirbelsäulenverkrümmungen

Betrachtet man eine gesunde Wirbelsäule von der Seite, weist sie vier Krümmungen auf (siehe S. 10). Dadurch erhält die Wirbelsäule erst ihre Widerstandsfähigkeit und Beweglichkeit. Sie kann so Stöße abfedern und dämpfen und sorgt dafür, dass wir im aufrechten Gang das Gleichgewicht nicht verlieren. Zudem sorgt sie für ein gewisses Maß an Schutz vor Knochenbrüchen.

Lordose

Bei einer gesunden Wirbelsäule folgt die Lendenwirbelsäule einer Krümmung nach vorn. Ist diese Krümmung übertrieben ausgeprägt, nennt man sie Lordose.

Symptome

Wie bei jeder Abweichung von der Norm kann auch hier das umgebende Gewebe betroffen sein. Bei einer Lordose unterliegen die gesamten Muskeln der Wirbelsäule einer besonderen Belastung, was zu Schwäche und Schmerzen führen kann. Sind auch die Bandscheiben in Mitleidenschaft gezogen, zeigen sich weitere Symptome (siehe S. 125f.).

Ursachen

Eine schlechte Haltung kann mit der Zeit zu Lordose führen, ebenso wie das gewohnheitsmäßige Tragen von High Heels, da dadurch der Schwerpunkt des Körpers verschoben wird. Zudem tritt Lordose auch in der Schwangerschaft auf (siehe S. 135). Zu den weiteren Ursachen gehören Fettleibigkeit und ein großer abdominaler Tumor, d. h. eine Geschwulst im Bauchraum.

Vorbeugung

- Eine gute Haltung und Körpermechanik
- Regelmäßige Kräftigungsübungen für die Rücken- und Bauchmuskulatur
- Vernünftiges Schuhwerk (siehe dazu auch Orthetik, S. 29)

Behandlung

Vorbeugung ist speziell bei Lordose die beste Heilung. Manchmal kann das vorübergehende Tragen eines Stützkorsetts vonnöten sein, im Einzelfall auch die operative Verschmelzung zweier Wirbel.

Kyphose

Bei der Kyphose spricht man auch vom sogenannten Witwenbuckel; sie besteht in einer extremen Wölbung der Brustwirbelsäule.

Symptome

Wie andere fehlerhafte Haltungen kann auch die Kyphose Schwäche und Rückenschmerzen verursachen. Bei einer extremen Verkrümmung können auch Herz, Lunge, Magen und Darm in Mitleidenschaft gezogen sein. Dann gehören zu den Symptomen auch ein unregelmäßiger Herzschlag, Atembeschwerden und Verdauungsstörungen.

Ursachen

Kyphose ist eine häufige Begleiterkrankung von Stoffwechselstörungen wie Osteoporose (siehe S. 119f.) und Osteomalazie, einer Knochenerweichung. Manchmal tritt sie auch zusammen mit muskulärer Dystrophie – Muskelschwäche – auf.

Vorbeugung

- Regelmäßige Übungen, um Rumpf und Glieder stark und beweglich zu halten
- Haltungstraining und Übungen für eine ergonomische Körpermechanik
- Vermeidung von Übergewicht

Behandlung

- Kräftigungsübungen für Muskeln und Bänder
- Stützkorsett bei extremen Verkrümmungen
- Schmerzmittel und/oder Entzündungshemmer zur Schmerzlinderung
- Therapeutische Maßnahmen bei Osteoporose (siehe S. 119f.), sollte die Kyphose dadurch verursacht sein
- Kyphoplastie (siehe S. 39) oder ein anderer chirurgischer Eingriff, falls alle anderen Maßnahmen nicht greifen

Alternative Behandlungsmethoden

- Physikalische Therapien wie Wärme- oder Kälteanwendungen, Ultraschallbehandlungen, elektrische Nervenstimulation und Massage
- Alexander-Technik oder andere Methoden zur Schulung der Haltung
- Yoga oder T'ai Chi zur Dehnung, Kräftigung, Schulung der Balance und Koordination sowie zur Entspannung
- Chiropraktik zur Korrektur von Fehlstellungen

Skoliose

Als Skoliose bezeichnet man die seitliche Krümmung der Wirbelsäule in jedem Bereich. Eine extreme Seitkrümmung tritt insbesondere bei Jugendlichen und jungen Erwachsenen auf.

Symptome

Abgesehen von möglichen Rückenschmerzen, die auf einem muskulären Ungleichgewicht beruhen, können auch Atembeschwerden und Herzrhythmusstörungen auftreten, wenn der Brustkorb stark deformiert ist.

Ursachen

Eine Skoliose kann angeboren sein oder durch neuromuskuläre Veränderungen oder einen Wirbelsäulentumor verursacht werden.

Behandlung

Um rasch festzustellen, ob sich die Erkrankung verschlimmert hat, sollten regelmäßige Kontrollen – am besten durch einen Facharzt der Orthopädie – durchgeführt werden. Nicht-operative Maßnahmen beinhalten die folgenden:

- Sport, vor allem Schwimmen und Reiten, um die Rumpfmuskulatur zu kräftigen und eine gute Haltung zu fördern
- Anlegen eines Stützkorsetts für mehrere Stunden am Tag, je nach individuellen Erfordernissen
- Orthopädisch abgestimmte Schuhe mit entsprechenden Einlagen oder Absatzveränderungen, etwa zum Ausgleich verschieden langer Beine
- Behandlung der Erkrankung, die die Ursache der Skoliose ist

Die Entscheidung, einen chirurgischen Eingriff vorzunehmen, hängt nicht nur vom Erfolg konservativer Maßnahmen, sondern auch davon ab, ob der Patient einen solchen größeren Eingriff vornehmen lassen will.

Bänder und Sehnen

Bänder stellen die Verbindungsstellen zwischen Knochen dar, durch Sehnen sind die Muskeln an den Knochen befestigt. Beide können durch Überdehnung, Überlastung, eine Verletzung sowie durch eine schlechte Haltung und unergonomische Körpermechanik beschädigt werden.

Zerrungen

Bei einer Zerrung werden die Bänder, Sehnen oder Muskeln um ein Gelenk herum verletzt. Im Bereich der Wirbelsäule betrifft die Zerrung häufig die Bänder, die die Facettengelenke zusammenhalten. Meist tritt die Zerrung dann an der Lendenwirbelsäule auf, manchmal sind aber auch die Iliosakralgelenke beteiligt.

Symptome

Eine Zerrung verursacht für gewöhnlich Schmerzen, eine Schwellung und eine Hautverfärbung an der Stelle über dem betroffenen Gelenk. Manchmal strahlt der Schmerz in das Gesäß und die Beine aus. Die Dauer und Intensität der Symptome hängen davon ab, wie stark das umliegende Gewebe beschädigt ist.

Ursachen

Gerissene oder angerissene Bänder sind meist die Folge eines Sturzes oder einer ruckartigen Bewegung. Auch eine Überlastung, z. B. beim Sport, und eine schlechte Haltung können die Ursache sein.

In der Schwangerschaft leiern die Bänder etwas aus, was zu einer Zerrung im Iliosakralbereich führen kann (siehe S. 135).

Vorbeugung

- Regelmäßige Übungen, um den Körper stark und beweglich zu halten
- Häufige Pausen bei einseitigen Tätigkeiten, um Verspannungen und Überlastungen vorzubeugen
- Gute Haltung und Körpermechanik
- Aufwärmübungen vor dem Sport (siehe S. 62–73)

Behandlung

- Stützverband, falls nötig
- Abwechselnde Kälte- und Wärmeanwendungen
- Ultraschallbehandlung zur schnelleren Regeneration
- Kurzzeitige Ruhigstellung, aber keine anhaltende Bettruhe, da dies die Muskeln und Bandscheiben schwächt, was die Rückenprobleme wiederum verschlimmert und den Knochenabbau beschleunigt

Muskeln

Die Muskeln, die die Wirbelsäule stützen (siehe S. 13), sind anfällig für eine Reihe von Verletzungen, darunter Muskelfaserrisse, Überlastungsschäden und die Entwicklung sogenannter Triggerpoints.

Myofasziale Zerrung

Eine Zerrung kann zwar in jedem Bereich der Wirbelsäule auftreten, am häufigsten kommt sie jedoch an der Lendenwirbelsäule vor. Der Begriff »myofaszial« setzt sich aus den lateinischen Wörtern *myo,* Muskel, und *fascia,* Bindegewebe, zusammen.

Symptome

Schmerz ist das erste Anzeichen einer solchen Zerrung. Er variiert in der Intensität zwischen leicht und heftig, kann auch ins Gesäß ausstrahlen und tritt meist innerhalb von 36 Stunden nach dem Ereignis auf, das die Zerrung verursacht hat – ein Sturz, eine ruckartige Drehbewegung, das Heben eines schweren Gegenstands. Der Schmerz verstärkt sich bei Bewegung, besonders beim Bücken, und nimmt bei Ruhe ab. Auch Muskelkrämpfe können auftreten, ebenso wie eine lokale Schwellung und eine Überempfindlichkeit der Haut.

Ursachen

Die Zerrung ist meist das Ergebnis eines Sturzes oder Unfalls, einer ruckartigen Bewegung oder einer Überlastung durch falsches Heben.

Vorbeugung

- Regelmäßige Dehn- und Kräftigungsübungen
- Eine gute Haltung und Körpermechanik
- Häufige Pausen bei einseitigen Tätigkeiten, um Verspannungen und Überlastungen zu vermeiden
- Vermeidung von Übergewicht

Behandlung im akuten Fall, d. h. in den ersten 48 Stunden

- Eis und Ruhigstellung; allerdings keine strenge Bettruhe – sanfte Dehnübungen und Spaziergänge sind erlaubt
- Auf eine gute Haltung achtgeben
- Schmerzmittel und entzündungshemmende Medikamente, falls erforderlich

Nicht ratsam in der akuten Phase sind die folgenden Maßnahmen:

- Anhaltende Bettruhe (siehe S. 129)
- Wärmeanwendungen
- Massage
- Stützverbände

Alternative Behandlungsmethoden

Als hilfreich zur schnelleren Regeneration haben sich TENS und Akupunktur erwiesen, bei fehlendem ausstrahlendem Schmerz auch Chiropraktik.

Behandlung nach 48 Stunden

Die folgenden Maßnahmen eignen sich, wenn die Warnsignale (siehe S. 16) fehlen:

- Ultraschall oder lokale Wärmeanwendungen, um Muskelkrämpfe zu lindern und die Heilung zu fördern
- Eis nach Dehn- oder anderen geeigneten Übungen
- Sparsame Einnahme von Schmerzmitteln oder entzündungshemmenden Medikamenten

Alternative Behandlungsmethoden

- Akupunktur
- Manuelle Therapien (siehe S. 30f.) wie Shiatsu oder eine andere Form der Massage
- Yoga oder T'ai Chi zur Kräftigung und zur Steigerung der Beweglichkeit, des Gleichgewichtsgefühls und der Koordinationsfähigkeit

Multiple Auswirkungen

Wie bereits zu Beginn dieses Kapitels erwähnt, wirken sich gesundheitliche Störungen selten nur auf einen Bereich des Körpers aus. Das beste Beispiel dafür ist der Nacken bzw. die Halswirbelsäule: Eine Verletzung etwa der Bänder in diesem Bereich kann auch die dortigen Knochen, Gelenke, Nerven, Bandscheiben und Muskeln in Mitleidenschaft ziehen. Zusätzlich anfällig für Verletzungen wird die Halswirbelsäule dadurch, dass sie sehr beweglich ist und sich in praktisch alle Richtungen drehen kann.

Schleudertrauma

Als Schleudertrauma bezeichnet man bestimmte Bewegungen der Halswirbelsäule unter bestimmten Bedingungen. Es handelt sich dabei eher um einen Mechanismus als um eine Verletzung oder Erkrankung und kann, muss aber keine Symptome zur Folge haben.

Symptome

Die Symptome variieren je nach Ursache des Schleudertraumas. Unter Umständen kann es zu den folgenden Symptomen kommen: Nackensteifheit und Bewegungseinschränkungen im Halswirbelsäulenbereich, eine erhöhte Schmerzempfindlichkeit, neurologische Symptome wie Sensibilitätsstörungen und eine schmerzhafte Muskelschwäche sowie ein Bruch oder die Ausrenkung eines oder mehrerer Halswirbel, was sich im Röntgenbild zeigt. Auch Schwindel, Ohrgeräusche und Schmerzen im Kiefer oder in den Armen können auftreten.

Zudem können Schmerzen in der Halswirbelsäule auch in den Kopf ausstrahlen und Kopfschmerzen verursachen, da der Schädel von einer Muskelschicht bedeckt ist, die sich vom oberen Hals bis zu den Augenbrauen zieht – dem sogenannten *Musculus occipitofrontalis*. Der Muskel zieht sich zusammen und kann so zu Kopfschmerzen führen.

Ursachen

Zu einem Schleudertrauma kommt es beispielsweise bei Auffahrunfällen, bei denen der Kopf des Fahrers oder Beifahrers abrupt zuerst nach hinten – Überstreckung – und dann nach vorn – Überbeugung – geschleudert wird. Rast das Fahrzeug in einen still stehenden Gegenstand, können die Bewegungen auch umgekehrt stattfinden.

Vorbeugung

Unfälle lassen sich zwar nicht immer vermeiden, dennoch können Vorsichtsmaßnahmen ergriffen werden, mit denen man die Folgen eines Unfalls so gering wie möglich halten kann:

- Regelmäßige Konditionsübungen, damit der Körper kräftig, beweglich und elastisch bleibt
- Eine gute Haltung und Körpermechanik
- Vermeidung von Übergewicht, damit der Körper nicht noch zusätzlichem Druck ausgesetzt wird

Einen gewissen Schutz bieten auch Airbags und vorschriftsmäßig angebrachte Kopfstützen.

Im Notfall

Bei einem Schleudertrauma kann ein Halswirbel brechen oder ausgerenkt werden, was einen erhöhten Druck auf das Rückenmark zur Folge hat. Dies ist ein medizinischer Notfall, es muss sofort ein Notarzt verständigt werden; siehe dazu auch die »Warnsignale« auf Seite 16.

Behandlung

Die Behandlung eines Schleudertraumas hängt stark vom individuellen Beschwerdebild ab. Generell gehören zu den Behandlungen im nicht-akuten Fall die folgenden:

- Kurze Ruhephasen, am besten auf einer stabilen und festen Unterlage liegend
- Sanfte Dehnübungen für Nacken und Schultern, sofern sie toleriert werden; fragen Sie Ihren Arzt oder Physiotherapeuten
- Abwechselnde Anwendungen von Eis und Wärme in folgendem Rhythmus: 20 Minuten Anwendung, 20 Minuten Pause
- Schmerzmittel oder entzündungshemmende Medikamente je nach Bedarf

- Physikalische Therapien wie beispielsweise Bäder im Whirlpool, Hot Packs und/oder Cold Packs, die elektrische Nervenstimulation (TENS), eine Kurzwellendiathermie, Ultraschallbehandlungen oder sanfte Massagen
- Kurze, aber häufige Pausen bei lang anhaltenden einseitigen Tätigkeiten, um Verspannungen und Ermüdung der Muskulatur zu vermeiden
- Bei einem Wirbelbruch oder dem Ausrenken eines Wirbels kann eine Operation vonnöten sein

Alternative Behandlungsmethoden

- Alexander-Technik oder eine andere Methode zum Haltungstraining
- Chiropraktik oder Osteopathie – wenn keine Osteoporose vorliegt
- Entspannungstechniken wie autogenes Training, Biofeedback oder Yoga

In der Schwangerschaft

Rückenschmerzen treten in der Schwangerschaft häufig auf, da sich der Körperschwerpunkt in dieser Zeit verlagert und darüber hinaus ein Hormon namens Relaxin seine Wirkung entfaltet. Relaxin nämlich entspannt im wahrsten Sinne des Wortes die Bänder, die die Gelenke stützen, insbesondere dort, wo die Wirbelsäule auf die Iliosakralgelenke trifft. Auf diese Weise ermöglicht die Natur eine leichtere Geburt – sie weitet den Geburtskanal.

Mit fortschreitender Schwangerschaft und Gewichtszunahme verlagert sich der Körperschwerpunkt immer mehr nach vorn. Um dies auszugleichen, müssen die Rückenmuskeln stärker arbeiten. Auch das Becken neigt sich weiter nach vorn, was die natürliche Krümmung der Lendenwirbelsäule verstärkt und zur Lordose führen kann. Dadurch werden die Facettengelenke stärker beansprucht, die wiederum die Bänder stärker belasten. Die Folge sind Schmerzen unterschiedlicher Intensität; manchmal treten auch Symptome einer Ischialgie (siehe S. 116) auf.

Vorbeugung

Es gibt viele Wege, Rückenschmerzen in der Schwangerschaft möglichst gering zu halten:

- **Körperliche Fitness** ist sicherlich die beste vorbeugende Maßnahme. Führen Sie regelmäßig entsprechende Übungen durch, die Sie vorher mit Ihrem Arzt oder Physiotherapeuten abgesprochen haben. Durch die Übungen können sich die Gelenke freier bewegen, und die gekräftigte Wirbelsäule kann das in der Schwangerschaft zunehmende Gewicht leichter tragen.
- **Eine gute Haltung** und Körpermechanik (siehe S. 42–55) tragen ebenfalls zu einem beschwerdefreien Schwangerschaftsverlauf bei.
- **Kurze Pausen** mit Dehnübungen sorgen dafür, dass sich die Muskulatur bei der Arbeit nicht verspannt.
- **Tägliche Entspannungsübungen** beugen Erschöpfung vor – die wichtigste Voraussetzung, um mit Schmerz und Stress besser umgehen zu können.
- **Flaches Schuhwerk** verhindert, dass sich der Körperschwerpunkt noch weiter verlagert.
- **Ein Schwangerschafts-BH** hilft ebenfalls dabei, »Haltung zu bewahren«, und verringert so das Risiko von Rückenschmerzen erheblich.

Sonstige Rückenschmerzen

Neben den Erkrankungen, die auf den vorhergehenden Seiten beschrieben wurden, gibt es noch zahlreiche andere Ursachen für Rückenschmerzen, die nichts mit der Wirbelsäule zu tun haben und an anderen Körperstellen oder auch im psychischen Bereich zu suchen sind (siehe dazu auch S. 16).

Ausführliche Informationen über diese Ursachen bieten Ihnen weiterführende Literatur oder natürlich Ihr Arzt oder Physiotherapeut. Ohnehin sollten Sie bei jeder Art von Rückenschmerz einen qualifizierten Gesundheitsexperten aufsuchen; nur dieser kann die Ursache des Schmerzes genau bestimmen und Ihnen eine entsprechende Behandlung vorschlagen.

Glossar

Abduktor Muskel, der Körperteile von der Mittellinie des Körpers wegzieht; Gegenteil von Adduktor

Adduktor Muskel, der Körperteile zur Mittellinie des Körpers hinzieht; Gegenteil von Abduktor

Akute Erkrankung Rasch einsetzend, mit ernsthaften Symptomen und von eher kurzer Dauer; Gegenteil von chronischer Erkrankung

Analgetika Medikamente, die Schmerzen lindern; Schmerzmittel

Anästhetikum Medikament, das unempfindlich gegenüber Berührung oder Schmerz macht

Angriff oder Flucht Reflexhafte Reaktion auf Stress und damit einhergehende funktionelle Veränderungen im Körper, z. B. Steigerung der Herzfrequenz

Annulus fibrosus Äußerer Faserring der Bandscheibe

Band Fasergewebe, das Knochen verbindet, die ein Gelenk bilden

Bandscheibe Knorpelgewebe zwischen den Wirbelkörpern

Beckengürtel Von den Hüftknochen, dem Kreuzbein und dem Steißbein gebildeter Knochenring

Beugung Bewegung, bei der die Gliedmaßen in eine gebeugte Position gebracht werden; Gegenteil von Streckung

Blutbild Laboruntersuchung, bei der die Anzahl der roten – Erythrozyten – und weißen Blutkörperchen – Leukozyten – pro Kubikmillimeter Blut bestimmt wird

Blutsenkung Die Geschwindigkeit, mit der sich die roten Blutkörperchen innerhalb einer Stunde in einem Röhrchen am Boden niederlassen, ohne dass das Blut dabei gerinnt; eine erhöhte Blutsenkung weist auf einen entzündlichen Prozess im Körper hin

Cauda equina Lat. für »Pferdeschwanz«; bezeichnet das Bündel von Sakral- und Lumbalnerven am unteren Ende des Rückenmarks

Chronische Erkrankung Entwickelt sich schleichend und hält länger an bzw. tritt immer wieder auf; Gegenteil von akuter Erkrankung

C-reaktives Protein An vielen akuten, entzündlichen Prozessen beteiligtes Eiweiß; ist es im Blut in einer bestimmten Menge nachweisbar, deutet dies am zuverlässigsten auf eine rheumatische Aktivität im Körper hin

Elektrische Nervenstimulation *siehe* Transkutane Elektrische Nervenstimulation (TENS)

Endorphine/Enkephaline Vom Gehirn produzierte chemische Substanzen, die schmerzstillende Eigenschaften aufweisen

Facettengelenke Gelenke zwischen den Gelenkfortsätzen der Wirbel

Foramina Löcher oder Öffnungen, insbesondere in den Knochen; Singular: Foramen

Fraktur Knochenbruch

Glaukom *siehe* grüner Star

Grüner Star Augenerkrankung, bei der von innen ein erhöhter Druck auf den Augapfel ausgeübt wird

Hamstrings Muskelgruppe von je drei Muskeln an der Rückseite der Oberschenkel; auch als ischiocrurale Muskeln bezeichnet

HLA-B27 Abkürzung für »Human leukocyte antigen«, menschliches Leukozytenantigen; einer von vier genetischen Markern, die in der Regel bei Patienten mit Morbus Bechterew nachgewiesen werden können

Hypertonie Bluthochdruck

Iliosakralgelenke Von den Hüftknochen und dem Kreuzbein gebildete Gelenke; gelenkartige Verbindung zwischen dem Kreuzbein und dem Darmbein

Ischiasnerv An der Rückseite des Oberschenkels entlang verlaufender Nerv

Knorpelgewebe Widerstandsfähige, elastische Substanz, die Teile des Skeletts bildet und die Enden von Knochen und Gelenken bedeckt

Kognitive Wahrnehmung Alles, was mit dem analytischen Verstand wahrgenommen wird und der Urteilskraft sowie dem Erinnerungsvermögen unterliegt
Kontraindikation Lat. für »Gegenanzeige«; ein Faktor, der die Einnahme eines Medikaments oder die Durchführung einer medizinischen Untersuchung verbietet
Körpermechanik Die Art, wie wir unseren Körper bei Alltagstätigkeiten gebrauchen und bewegen
Kreuzbein Dreieckiger Knochen an der Rückseite des Beckens
Kyphose Extreme Krümmung der Brustwirbelsäule; auch als »Witwenbuckel« bezeichnet

Läsion Verletzung, Wunde oder erkranktes Gewebe in einem Organ
Lateral Seitlich
Lordose Extreme Krümmung der Lendenwirbelsäule
Lumbal Im Bereich der Lendenwirbelsäule, also zwischen Brust und Becken

Maligne Bösartig; meist bezogen auf eine Geschwulst, also ein Krebsgeschwür
Metabolisch Auf den Stoffwechsel bezogen; die Summe aller physikalischen und chemischen Veränderungen, die in einem Organismus stattfinden
Metastase Übergreifen einer Krankheit von einem Teil des Körpers auf einen anderen mittels Kreislauf; meist bezogen auf einen bösartigen Tumor
Muskuloskelettal Auf Muskeln und Skelett, also Knochengerüst, bezogen; bezeichnet den Bewegungsapparat

Neural Auf die Nerven bezogen
Neurologisch Auf die Wissenschaft von der Erkrankung der Nerven bezogen
Nicht-steroidale Entzündungshemmer Gruppe von Medikamenten, die schmerzlindernde, fiebersenkende und entzündungshemmende Eigenschaften haben
Nucleus pulposus Weicher, innerer Gallertkern der Bandscheibe

Parasympathikus Teil des vegetativen Nervensystems; dient dem Stoffwechsel, der Regeneration und dem Aufbau körpereigener Reserven
Pathologie Wissenschaft von der Natur und der Ursache von Erkrankungen, die sich anhand von Veränderungen bestimmter Körperstrukturen und -funktionen nachweisen lassen; »pathologisch« bedeutet krankhaft
Post- Vorsilbe, die »nach« bedeutet, etwa in postoperativ, d. h. nach einem chirurgischen Eingriff
Prä- Vorsilbe, die »vor« bedeutet, etwa in präoperativ, d. h. vor einem chirurgischen Eingriff
Prostataspezifisches Antigen Von der Prostata produziertes Eiweiß; der Spiegel des prostataspezifischen Antigens kann bei einer Prostataerkrankung – auch Krebs – erhöht sein
PSA *siehe* prostataspezifisches Antigen

Quadrizeps Kurzform von *Musculus quadriceps femoris,* vierköpfiger Oberschenkelmuskel; der große Muskel verläuft an der Vorderseite des Oberschenkels entlang

Rheumatoid Rheumaartig; Rheuma ist die umgangssprachliche Bezeichnung einer chronischen Erkrankung, die sich durch Entzündungsprozesse sowie Schmerzen in Muskeln und Gelenken äußert

Sakral Auf das Sacrum, das Kreuzbein, bezogen
Sehne Fasergewebe am Ende des Muskels, das ihn mit dem Knochen verbindet
Skoliose Seitliche Krümmung der Wirbelsäule
Steißbein Unterster Knochen der Wirbelsäule; Verschmelzung aus vier Wirbeln
Stenose Verengung eines Kanals oder einer Öffnung; z. B. Verengung des Wirbelkanals
Steroid Hormonelle Substanz aus der Stoffklasse der Lipide (Fette); das wichtigste körpereigene Steroid des Menschen ist das Cholesterin
Streckung Bewegung, bei der die Gliedmaßen in eine gerade Position gebracht werden; Gegenteil von Beugung
Stressor Stressfaktor; alles, was Stressreaktionen hervorruft
Suggestion Vorstellung, durch die ein manipulativer Einfluss auf die Gedanken, die Gefühle oder das Verhalten eines Menschen ausgeübt wird; wichtig für bestimmte Entspannungstechniken, etwa das autogene Training

Sympathikus Teil des vegetativen Nervensystems; er erhöht die nach außen gerichtete Handlungsbereitschaft und arbeitet antagonistisch – als Gegenspieler – mit dem Parasympathikus zusammen

Syndrom Gruppe von Symptomen, die charakteristisch für eine bestimmte Erkrankung sind

Synovial Auf die Flüssigkeit in den Gelenken bezogen; die Synovialflüssigkeit wird auch als »Gelenkschmiere« bezeichnet

TENS *siehe* Transkutane Elektrische Nervenstimulation

Thorakal Auf den Brustkorb bezogen

Thorax Brustkorb

Torsion Drehung

Transkutane Elektrische Nervenstimulation (TENS) Therapeutische Anwendung elektrischer Reize an Nerven und Muskeln; oft auch einfach als »elektrische Nervenstimulation« bezeichnet

Tuberkulose (TB) Durch den Tuberkelbazillus ausgelöste chronische Infektionskrankheit; diagnostiziert wird die Erkrankung mithilfe von Speicheltests, Röntgenuntersuchungen und einem speziellen Hauttest

Vegetatives Nervensystem Der Teil des Nervensystems, der die unwillkürlichen Körperfunktionen – etwa Herzschlag, Atmung, Blutdruck, Verdauung und Stoffwechsel – kontrolliert

Warnsignale Im Zusammenhang dieses Buchs Symptome, die auf eine ernsthafte Erkrankung verweisen und umgehend medizinischer Betreuung bedürfen

Wirbel Die Knochen der Wirbelsäule

Danksagung & Bildnachweis

Mein Dank gilt allen, die zu diesem Buch beigetragen haben. Besonderer Dank gebührt Victoria Alers-Hankey dafür, dass sie das Projekt initiiert hat, Miriam Hyslop, der Projektleiterin beim Verlag, für die ausgezeichnete Zusammenarbeit und Barbara Dixon, der Herausgeberin.

Danken möchte ich vor allem auch Walter für seine unschätzbare Hilfe in jeder Phase des Projekts und David – dafür, dass er so viel Zeit investiert und seine Computerkenntnisse mit mir geteilt hat. Mein Dank geht auch an Karl und Lora für ihr Interesse und ihre Unterstützung.

Bildnachweis

S. 4 ganz rechts: Guy Hearn; S. 10: iStock; S. 39: Getty; S. 57: Guy Hearn.
Alle anderen Fotos stammen von Dan Duchars.

Register

Fett gedruckte Seitenzahlen beziehen sich auf Haupteinträge für Erkrankungen, die Details zu den Symptomen, den Ursachen, der Vorbeugung und der Behandlung enthalten.
Kursiv gedruckte Seitenzahlen beziehen sich auf Haupteinträge für die jeweiligen Übungen.